有緣人若是從中獲益，恭喜你！
悠遊於豐富的靈性、物質世界。
享受那非凡的自由、創意無限∞

變身為
自己的大老闆

量子能量意識大躍進

張淑珺———著

目錄

變身為自己的大老闆
量子能量意識大躍進

純粹意圖——自然乾淨俱足

驅動力量——動機己利利他

真誠影響——內外和諧一致

變身為自己的大老闆
量子能量意識大躍進

變身為自己的大老闆
量子能量意識大躍進

第一篇

當責賦權——
從心領導

序言

　　當責——當然的責任者，如果是個人的角色，自己必然是自己生命的當然責任者。如果是公司員工的角色，必然是該「職務、職位」上的當責者。如果是經營公司者的角色，必然是公司——「當責管理者」，同時也是該職務——「當責老闆」，是兼具兩個身份角色；當個當責老闆，與統籌管理眾多員工的管理者、領導者。

　　從心——當責賦權之領導者，「從心——管理」是運用頭腦的——左腦功能，像是規劃設備、建立組織架構、執行考核、行銷策略、研究開發、教育培訓、未來計劃⋯⋯等等很多的管理，都是按照規定的標準流程或是手冊來運作，來完成公司組織或是個人的目標，這是「以制度管理」。「從心——領導」是運用頭腦的——右腦功能，像是信任、鼓舞、勇氣、支持、愛與接納、尊重、智慧、諒解⋯⋯等等情感的交流表達，以真誠對待——用心領導。

　　從心「管理」人，從心「領導」人的差異在哪

裡？先要學習「管理」，用制度約束人，因為人皆有習性，制度雖然是制式化，像是部隊沒有彈性，但是可以規範人的習慣、惰性，這是必要之手段。還有運用管理手段，規劃、執行、考核等等方式來完成組織或是個人的目標。管理是比較偏向權威式的——命令。當人們的意識淨化與被訓練之後，人性面的負向、惰性品質減少，良善的品質提升之後，組織需要加入更多的鼓舞與信任能量，重視並尊重「人的價值」。此時當責領導者，以心靈正向的能量，創造核心價值與未來願景，激勵一群人的熱情——認同公司的願景並與之有連結，建立上下之間——信任與真誠，賦權賦能部屬，共同承擔責任，驅動組織完成使命或是達成願景目標。換言之，作為當責——從心領導者，是否有平衡發展左右腦的能力，會是關鍵點。

人的價值是——具有潛在的能力，可以被開發出來。人是可以被訓練出來有更高更好的「自律與自重」的好品質。人是可以培養互信與友善對待的關係。人是可以從錯誤中進步。人是可以學會真正的有尊嚴的生活著。人是可以溝通協調——可以為了共同的利益與理想而一起結盟努力。這些都是極大化人的能力與彰顯人性光輝、善良的面向。從管理人，影響人，教育人，引領人，這個就是「以制度管理」並且

提昇加入「以心領導」的能量，兩者並用的必然成長
趨勢。

　　首先需要學習、進化，從「負責心態」提昇到當
責賦權的「當責心態」，從以下幾個面向來區分：

1- 負責心態：我會做。（不知道什麼時候開始做，
什麼時候完成）

　　當責心態：我現在做。（當下做，當下決定並主
動承諾給出完成時間）

　　當責心態：我來做。（主動承擔責任）

2- 負責心態：我會檢討改進。（可能檢討別人，或
是找出自己無法負責的原因）

　　當責心態：我的責任。（檢討自己可能做錯的地
方）

　　當責心態：我的錯。（當下認錯，當下承擔責
任，當下承諾改善）

3- 負責心態：我奉命行事。（被動負責）

　　當責心態：我想做的事。（主動負責）

　　當責心態：我做的事。（主動承認自己做的）

4- 負責心態：我應該負責。（出自於角色歸屬的責
任）

　　當責心態：我負責。（出自於就是我負責，二話
不說）

5- 負責心態：我應該決定。（出自於角色的責任感）

　　當責心態：我決定。（出自於就是我決定，我負責）

6- 負責心態：我終於完成。（責任已盡了）

　　當責心態：我完成了。（勝任愉快！）

7- 負責心態：我做做看。（不一定能做到）

　　當責心態：我做。（一定要想辦法完成任務）

8- 負責心態：我試試看。（不一定成功）

　　當責心態：我來完成。（想辦法成功）

　　這些都是從當事者在「當下」所流露釋放出來的能量，從言語行為上所表現出來的態度。當責是比負責還負責，看起來是比較嚴竣的考驗，好像會比較辛苦或比較困難，錯了，剛好相反。原因是什麼呢？因為在「當下」是全然的百分之百的說「yes！」，「就是我」，「捨我其誰」，「我承擔」，「我負責」，「我做」，「我錯了」，「我決定」，「我想辦法完成」……。因為「當下承諾」、「當下承認」、「當下承擔」，這些意圖在當下那個剎那已經成就了——當下很專注、單一、純粹、具足的能量從我投射出來——跟世界清晰明確地宣示，表達我的意

圖、我的意向。這股巨大的能量投向世界，作用力出去一定會回到自己身上，問題一定可以迎刃而解，而且是超乎想像的簡單。這其中的奧妙在於能量――量子作用，隱含在物質現象的底層之內，以你所不知道的原則在運作生命的一切。

第一章

從心領導者之心智鍛練

鍛鍊心智 1——心智運作模式

收集、儲存

投射已知——習性、想法、情緒

因果關係

輪迴能量

慣性思維

　　當責者——成為一個「當下」承擔者。

　　從心當責領導者——成為一個「當下」，「真性流露」的領導者。

　　當下，Here and Now，此時此地。對於一個二、三歲正在學習的小孩而言，從他的眼神是流露著「新鮮、純眞無邪」的意識狀態，他的頭腦幾乎是一張空白紙，只有純粹簡單的意識，這個時間點就是接近

「當下」狀態。當大人拿著一隻筆反覆告訴他「這是鉛筆」，這時候小孩跟著說「這是鉛筆」，在學說的同時他的頭腦已經輸入「這是鉛筆」，以及鉛筆的「影像」——顏色形狀長短等等。你可以說他在「記憶」鉛筆、形狀、發音以及當下大人所傳達出來的一些訊息——想法、感受、情緒。他的頭腦幾乎百分之百的完全拷貝下來，儲存起來——在大腦的腦細胞，沒有遺漏什麼。下次大人再拿出來這隻筆時，他的頭腦會「自動」輸出所儲存的內容——這是鉛筆，甚至當時大人的語氣表情，都會從他投射出來。這是「過去」儲存在他的腦袋裡的內容，而現在「此時此刻」，再把過去的時間所儲存的訊息說出來、或是比手畫腳，臉部也可能有表情，所以在這個當下對於鉛筆的「認知」是存在他的頭腦裡面直接投射出來的——是「舊知」了。過去的時間已經過去了，不存在了，只是留下來當時所接受到的訊息，這個「當下」是新的片刻，投射出來的是舊知，還有「過去的」感受情緒，在心理上只有「過去－昨天……」這個名字，「過去，昨天的時間」並不存在了，同樣的「明天——未來的時間」並不存在，在心理上只有「未來、明天……」這個名字。所以，所謂的「過去、未來」只是心理時間而已。「當下」是混合著很多個過

去的認知，想法，情緒，在此時此刻投射出來，也包括所謂你知道的事，叫做知識。所以隨著年紀增長，小孩時「當下」的清新越來越少，因為頭腦的儲存體——那張空白紙，已經不知不覺填滿很多很多自動輸入的內容，頭腦的空間——那張白紙已經沒有空白了，怎麼可能在當下——有「活潑新鮮」的當下，頭腦——純粹的意識——意識上「黏附」太多的舊知、想法、情緒、標籤、評斷等等。當小孩長大，成為大人了，再來看看同一隻鉛筆時，這時「這是鉛筆」，會變成——這隻鉛筆很美或很醜，這隻鉛筆有用或沒有用，我喜歡或討厭這隻鉛筆，這是我的鉛筆，這麼多黏附在單純的意識上——二元對立想法／評斷／還有情緒／分析／執著。

當下，依然是當下，依然是活活潑潑，依然是新鮮、清晰，而「頭腦，心智，Mind」，已經是「複雜、混亂、充斥著互相矛盾衝突的想法」，甚至晚上頭腦無法停止不想事情，無法安靜下來，無法睡著。這是怎麼啦！發生什麼事？為什麼長大變成這樣？甚至需要靠藥物強迫頭腦不要再運作——好好睡個覺。頭腦——心智，冷靜思考的能力都變成困難，所以很多人開始去學習放空——什麼都不要想，有空去旅遊——放鬆放鬆，壓力實在太大了。或是去禪修——

試圖達到沒有思想念頭，不要生氣，不要心煩氣躁。或是找大師聽演講上工作坊——看看能否找到當下，活在當下。任何充電學習的機會一定不能錯過——為了期待更好更有創意的未來，拚命努力的「吸收、吸收再吸收」，學習「如何成長再成長」。知識永遠都不嫌多，學習永遠都學習不完。一方面要放空另外一方面要充電，一則壓力太大要釋壓，另一則要趕行程旅遊，壓力更大。有人假設這些壓力現象是來自環境——只有遠離塵囂才能舒解，所以很多人又興起下鄉找個工作簡單生活。重點在於如何讓頭腦那張空白紙——心智的內容產物——變少，讓出空間出來。當下永遠都在，而且永遠只有當下這個剎那而已，連說當下時都已經離開當下，只能說接近當下方便說是當下。

　　心智運作模式——投射原理，從收集、儲存，投射大腦「已知——舊知」的思想、情感、感受、情緒以及習性。所有的具象的物質各有各的頻率、振幅、波長。

「從頭腦這張白紙上的內容物一直投射出去外在

世界」，延續上面再來深入了解心智的運作模式，當眼前這個當下——眼睛看到的、耳朵聽到的、頭腦意識到的這一切景象，透過眼睛、耳朵、身體傳送訊息到大腦，這一切，自然就會在大腦形成的影像——會被意識分別出來「這是鉛筆」，最原始的輸入資訊——叫做「這是鉛筆」，大腦所儲存起來的「這是鉛筆」——這個原始的檔案資訊已經存在了，有個「這是鉛筆」的「因」已經存在了。下次在任何地方任何時候，看到外在世界「有一隻鉛筆」，一定是跟這隻鉛筆相應的、產生共鳴，結「果」是自然反應出來——叫出「這是鉛筆」。如果沒有原始的資訊——筆，根本無法與外界的——筆相應、共鳴，也叫不出來名字。如果沒有原始的檔案——筆，還是可以靠意識的感知能力感應這隻筆的振動頻率——它的能量狀態，這時候雖然叫不出名字，可是可以感知這隻筆底層所釋放出來的能量是什麼？物理學家已經證實這個世界的任何物質，是呈現「波粒二象性」，也就是說，物質是由最小的「粒子」組成——呈現是穩定的結構，而波是比較複雜的狀態——有頻率、振幅、波長、波的干涉。「波」就是能量的形式，能量的最小單位是——量子。改變頻率就可以改變能量狀態，高頻率高能量，可以影響甚至改變低頻率低能量。

大腦就像一個「發射台」，無時無刻不在發射、散播很多信號、訊息。哪些訊息呢？有認知上的思想、知識的振動頻率，與情感、情緒、感受的振動頻率，還有最細微難以覺察——習性。可是當與外界接觸到、相應時，一般人都只是反應看的到、聽的到、以及認知到的具象事物——比較低頻率，至於高頻率高能量是比較不容易感知到。

科學的觀點——心智的意識是改變自己的命運，創造自己命運的力量所在。如果不喜歡用命運這個名相，不管怎樣稱呼都可以，人類的「意識」有意圖（意念、意向、企圖）或是沒有明顯意圖，所投射反映出各自的生命故事；這個生命結果的現象都是起因於自己的想法、念頭。意識到這個觀點——就是開啟意識覺醒之路。

外在世界是心智所投射出去的，心智有意識的意圖所投射的——可以稱「創造」。心智沒有意識到而所投射的——確定還是百分之百投射出去，其中無益的結果居多，所以「心想」——心智上的內容物——

原因所在，「事成」——必然在外在世界——呈現結果。有因必有果，因果關係是宇宙萬物運作模式，你所看到的人類——每一個人的生命都是如此運作，沒有例外。或是你所沒有看到的——任何的存在，也是如此運作。而你相信或是不相信的輪迴觀念——所有包括人類及一切的存在都是在輪迴的因果關係中。牽引著輪迴的動力是什麼，先說驅動這一世的生命故事，上述所說的沒有意識到（自己的意識沒有覺察到）的心智內容物——思想、情緒、情感，還有一個很重要的力量——驅動力，在驅使我們重複地做某些事、說某些話，想某些事，這個習性驅動力就是所謂的業力，為什麼會形成業力呢？好比一個人開始抽菸，抽第一根菸，第二根菸，不自覺地一根接著一根，越抽越多，就會持續抽菸，直到有天，連想都不用想，習慣性驅動（使）我們自動點菸。我們的習慣會在大腦中塑造了神經路徑，在特定合適的環境下，重複相同的行為模式。所以業力是一種心理傾向，基於之前的行為模式，一再地強迫性地去做，去說，去想，這就解釋了為什麼我們有抽菸的衝動，有做某些事情的衝動，有被刺激到就會又吼又叫，習慣性抽菸，習慣性購物，習慣性又吼又叫……，這些事情背後的真相——就是習性驅動力在作用。習慣性的行為

就是習性，是養成的一股衝動力，巨大的動能，最後形成牢不可破的、各式各樣的業力，我們會深受其苦啊——變成是習慣的奴隸。像是抽菸的習慣，有可能結果是得癌症，這是自己的理性（意識）控制不了自己的慣性衝動（習性），跟別人一點都沒有關係。因為一直在做這件事——抽菸，那個衝動一直存在著，而且每做一次又多一次強化那個衝動力，衝動力增強了又更驅迫點菸抽菸，這是一個循環——惡性循環。輪迴就是流轉，輪轉，生了又死，死了又生，是什麼驅動力驅使一個人輪轉生死——生了又死，死了又生？業力！這是更深奧的問題不在此討論。所以，我們所做所為的背後都有其習性的驅動力，就是業力。這就是無明煩惱啊！

　　無明的存在，就是我們覺察不到的事，就是命運。

　　慣性思維模式——當我們沒有覺知，我們就受制於這些習性。

　　心智運作機制，它揭示了解決問題和學習新知的能力，還能夠超越邏輯思考，實際進入具體創造的領

域。如果沒有意識到你渴望擁有或是想要經驗的是什麼，那麼你將隨著無意識做出反應——生活在自己不知不覺中所建構的世界，而誤以為是被命運所困。所謂的命運，就是自己的慣性思維模式，在不知不覺中建構成強而有力的信念系統。因為缺乏覺知能力，日復一日生活在看似理所當然，卻是毫無道理、毫無頭緒的混亂中——心智的混亂，不加思索自己為何要這樣？為何要那樣？說穿了不就是採取「保守又安全」的態度過日子，不敢挑戰自己所相信的是真的嗎？不敢想像自己相信的可能不是真的？說的更澈底明白一些，從來沒有質疑自己的想法是否正確？從自己的視角所看出去的世界——都跟自己無關，所以看不到自己，這是盲點所在。生命的問題潛藏在自己內在世界，無法從外面找到答案，如果沒有勇氣面對自己的內心戲碼——是由一連串的信念架構的機制，已經層層疊疊的，像是一道道的厚牆，捍衛著自以為是真的——「我是對的」這個我執。從這個信念——「我是對的」投射出去，所有抵觸到這個想法都變成——別人是不對的，只有「我是對的」這個以我為中心的「自我」而已，這個自我——我執，執著我是真的，執著我是對的，成為生命最大的虛妄幻想。這個牢不可破的我執，可以讓自己假裝不用改變，直到意外或

變身為自己的大老闆
量子能量意識大躍進

是其他事故發生，才可能消弱它的力量。

　　改變意味著要漸漸失去安全感，失去舒適安逸，放手「我是對的」的堅持，改變就是要戳破「恐懼的妄想」，改變就是要「覺知」那沒有覺察到的自己，改變就是要中斷習性之流，不再被慣性思維所綁架，改變是痛苦的——因為我執要死一定會掙扎求生，因為意識要警覺——從無知的舒服沒事要提起來注意自己，因為不再放逸鬆散散漫——這是因為意識習慣了處於鬆散散漫的狀態——那個狀態像是活在雲裡霧茫茫然的，飄浮在半空中掉不下來。習慣了，改變現狀當然是困難重重，只有一個原因就是——因為習慣了，改變意味即將不習慣。就只有不習慣而已，不會損失什麼，但是不習慣是很嚴重的問題，因為已經「習慣了」很久很久很久……，講不完的久遠了。

　　一旦覺悟要開始改變，最先要派上用場的是覺察力量，意識的覺察力是什麼呢？意識要聚焦在創造的目標上，注意力要專注在當下手邊的事上，這是意識分分秒秒警醒——選擇的結果，這就是覺察力。換言之，就是意識有意圖——觀注在目前、當下的感覺、想法是與目標結盟有一致性的。在當下，這個剎那，意識若是被朦朧不清的想法所附著，即是融入無明境界，那麼意識已經離開當下這個剎那，而淪於所謂心

理時間的過去的糾纏，陷入負向能量——低頻振動，無論那是什麼，既然是過去了，怎麼會有當下的清晰活潑呢？這是很需要警惕自己的臨界點，如果陷入過去，一定是與習慣性的想法、經驗、知識連結在一起，那麼，會失去當下的清晰、當下對能量的感知解讀，以及不易觸及到直覺靈感。如果一不小心妄想紛飛，意識分心想呀想，那麼也是離開當下，是幻想？還是想像？都有可能。在這個同時，也是失去當下有力量的——剎那即永恆。保持覺知，不是處在當下，就是被習性所限或是被未知所困。這是需要鍛練心智訓練，需要老實修練心性才能「警醒」。

鍛鍊心智 2——先鬆綁，僵化意識

頑強抵抗、捍衛
無底深淵、深不可測

　　爲什麼會「固執己見」？捍衛自己的信念是對的，信念是包括對這個想法堅信不疑，認定它是有意義的、認同它的價值所在，而形成強烈的價值觀。信念系統是表示，很多的想法可能基於家庭、社會、文化、信仰、宗教、集體意識的共識，而發展出來屬於自己的國家、種族、家族的特殊傳統習俗，這些信念的信息已經代代傳承下去，你也可以說「傳統」的背景故事是無數的人歷經無數的歲月，一直傳承著某個思想價值的堅持。有些還會令人莫名感動不已，有些可能只是包袱——不得已的苦衷，要挑戰這樣的信念系統，有如拿腦袋去碰撞銅牆鐵壁，這是不可能的任務。但是物理學家已經證實物質的最底層就是能量波，看的到的生命體，自身之內是蘊藏著巨大的能量，本身就是一座能量磁場——有各別的振動頻率強弱，與所謂正負向能量之差別。所以要用所謂的高振幅正向能量去影響那些低振幅負向能量。

　　固執己見者，表示其意識已經被層層的限制性信

念所包圍了，附著在意識上，意識沒有辦法有自由自在的注意力可以流動，更沒有辦法穿透層層的信念系統，已經變成僵化意識形態，只能依循著慣性思維來思考並反對外界，凡是有強而有力的人想要說服他，他的層層的信念會頑強抵抗，這就是我們所看到的「雙方激戰」——我執戰我執，一定是兩敗俱傷——我執不會罷手，反而更加捍衛自己。這就是多數人的吵架之後，對抗更強，關係更糟。但是有些人透過互相撞擊爭論，這種激烈對話能夠各自鬆綁一些些固執己見，因為各自的觀點——其實是經不起檢驗，而彼此又能各自反省反思，不再堅持自己是對的，這樣的方式雖說是很激動，結果是彼此進步，這就是為什麼有人越吵越好，感情不受影響反而更接近彼此。強碰強——玉石俱焚，表示雙方都各自捍衛自己的「觀點」，執著這個觀點不放，跟自己的觀點緊緊的互綁在一起，意識與觀點之間沒有空間，沒有空間如何能返觀這個觀點呢？有距離才能返觀，觀照的力量才能真正發揮，改變才能發生。

> 自我覺察，發覺、察知——知道自己
> 為了那句話，那件事，產生出來什麼樣的
> 感覺、想法或是情緒，而有辦法自問、探
> 究原因，覺察的對象是自己，不是別人。

當下的定力，決定是要依循習慣模式來自動反應，或是依據智慧來面對。當下的定力，決定是要隨著恐懼的幻想，或是依靠勇氣來採取行動。當下的定力，決定是要提起天馬行空、不著邊際，或是要提取想像力、創意、靈感。當下的定力自然而然成為最好的依靠力量，可以依藉它往上提升至更高的境界，或失手無法攀住它而自動沈溺在無底深淵，無明業力之海。

在這個「當下」，執取「過去的」經驗不放手——攀繫種種過去的印象不放，頭腦有無量的算不清數不盡的前塵往事——歷歷可見，或幻想未來繼續續前緣。當下，頭腦裡是匯集「過去－現在－未來」，都聚集在此時此刻，意識怎麼可能不受過去或未來的干擾呢？當下，頭腦有很多雜音來來去去，怎麼讓這些聲音停止消失不見呢？答案是：清醒狀態下意識只能聚焦在當下做手邊的工作，意識如何聚焦在當下，不

分心，這才是正確的選擇。頭腦的干擾因素――包括思想、聲音、影像、情緒，等等，這些像是背景音樂，要關掉總開關才可能讓它們消失，一旦總開關關掉，生命也結束了。你想辦法企圖要消滅它們，或是拿個什麼去壓制它們，這兩個都是錯誤的認知，而且不可能發生。當下，正確來說，意識清醒清晰，而且專注於此時此刻，不分心、不散亂，不抗拒什麼、不迎接什麼，不任取什麼、不捨棄什麼，而且意識清楚明白，隨時隨地保持在這個狀態，意識的觀照力才能真正發揮作用――可以當下覺察分明、光照意識本身及其他一切。意識，與智慧相應，可以對治煩惱，轉化負向能量，生命還是有挑戰困難，只是「不是」問題。

鍛鍊心智 3——後翻轉，一線生機

有選擇空間
選擇「在」當下
當下「做」選擇
剎那「即」成就

　　放鬆，不是放空。放鬆，不是轉移。
放鬆，不是無所事事。
　　放鬆，是面對。放鬆，是鬆動。放鬆，
是身心一致。

　　解除心智的壓力，不是放空。放空是指什麼都不
要想，當作沒這回事。事實上，走過必留下痕跡，這
些痕跡已經埋在意識裡，沒有憑空消失，心智頭腦再
怎麼放空，再怎麼努力不去想、不去做相對應的事，
「事情發生了」——這個原始的原因已經完成了，儲
存起來了，變成心智上的內容物。放鬆，就是面對
「事情發生了」這件事，這件事已經成為壓力——已
經在心裡很有份量，這個能量是沈重的負擔，既是負
擔表示是負能量。解除負擔負能量，就是面對這件已

經發生的事情——拆彈。唯有面對，才能鬆口氣，這就是最好的放鬆。「我沒有壓力」這句話是錯誤的，只要活著有活動就有一定程度的壓力——或多或少而已。

放鬆，不是轉移注意力，可以暫時喘口氣，但是要什麼時候提起「事情發生了」這件事呢？越早提起就越早放鬆，提起來處理它，才能真正放鬆。放鬆，不是無所事事，假裝不要緊不重要，越逃避越不能放鬆。放鬆，是身心一致的狀態。身心一體，心理的壓力儲存於身體，身體有壓力會讓心理無法放鬆，心理無法放鬆也會讓身體負擔不起來。放鬆，也不是只要運動而已，頭腦放鬆——才是關鍵所在。

針對「事情發生了」來談，每天每個人都從自己的「發射台」——持續不斷地投射出去自己內在的「負能量」——低頻振動的負向能量，最明顯的恐懼、焦慮不安、懷疑、評斷，每個人都「不知不覺」付出給這個世界巨大的負能量。同時每個人每天都沒有間斷過與世界的負能量「相應」，而「吸引」更多的負能量儲存在自己的身體，這個「無形無相」的負能量是——出去，進來，進來，出去……，這件事情「從出生到死亡，死亡到出生」……，蘊積無量無數的無明壓力。死亡，壓力繼續從儲存體無縫接軌延續

到下一個不同的身體，同樣的一個儲存體，在不同世，有不同的姓名而已。所以壓力是一定存在，而且超越你能想像的多很多很多……。再來，「生活中」事情一直在發生，有數不清的事件就是——你認為應該要做卻一直做不到做不好的事情，已經輸入的「教條」驅動著成為一股巨大的壓力，變成是這樣的結果——當我沒有時間運動或是做不到時（因為已經輸入「運動」有益健康，全世界共同的認知），所以每當聽到看到外界有人說「要運動」，就會與自己內在的壓力——應該運動卻沒有運動的自我評斷，在「相接觸」——聽到、看到時就「相撞」，結果是又狠狠地暗自罵自己，OS……。很多舉世皆知的教條，以及從小就輸入的「應該」要如何如何……的家教、文化、習俗，姑且不論其意義如何，「做不到、做不好」的自責是一直存在的。面對它們，好好檢視這些「應該」做的事情，如何去提起來，或者放掉，否則這些壓力會壓垮健康，壓制你的生命。

改變之前，需要從身心已經滿滿的壓力槽，淨空掉一些能量就是釋放掉一些壓力，有空間空出來，這時後才能有空間可以返觀看到、察覺自己。試想想如果身體在一個無法轉身的空間，如何轉動？勢必要先清理掉圍繞著自身週圍的障礙物，才能轉身改變。在

心智上的內容物——都是障礙物，無益、無意義的廢棄物，是「作廢」物——因爲已經過去了，然而卻被「我執」捉住不放，把垃圾當黃金，當生病了意外了破產了失婚了，卻以爲是無解無奈啊！其實是極其簡單——把全部心智上的廢物清掉，怎麼善巧方便對治我執，就是直接有效的方法。

　　當下，決定提起、放下。當下，因為明辨力的明智作出選擇，往向善向上的方向。
　　當下，做出決定。選擇，在於當下。
　　身心全然的放鬆，聚焦在此時此刻，這一剎那。

　　清理垃圾就是倒掉，對治心智上的想法——「提起－放掉」需要勇氣，需要力道。爲什麼呢？「提起」需要有勇氣，提起來就是面對。「放掉」這一剎那，讓光照黑暗自然消失，足夠的光量——就決定於有多少決心的意圖。

鍛鍊心智 4——自我領導力

我的意圖是什麼
我的下一步是什麼
採取行動

　　自我領導力，鍛練心智——認識自己、
了解自己，提昇自己。
　　獨一無二的領袖魅力與自信——有自
知之明，懂人心，帶動人。

　　強人領袖，通常會強人所難，以權威威信來統領
人，不允許自己有任何的缺失，強忍他人所不能忍，
所以才會「強人所難」。居高臨下，不允許任何人挑
戰其權威，強迫自己終身學習——從自身之外一直不
斷地「增加」更多的知識與技能，卻「不知道」自身
之內是一切力量的源頭。像這類傳統時代的領袖，高
壓管理真的很辛苦，上下階級皆苦，被領導者也是—
—絕對服從，絕對對立。這是作為人必須要淨化的過
程——從威權到尊重，不是表面的功夫嘴巴說說而
已，而是內心自然流露的真性情，真尊重，真實呈現

個人獨特的魅力與特質——從心活出自己。

　　這是人類意識的大躍進，新時代的領袖——比較像把自己當作自然人，可以有缺陷，但是要具備勇氣面對自己的設限，並且想辦法突破，「知人知己，百戰百勝」，一定先要認識自己是誰？了解自己的專長與能耐，優缺點所在，有承諾並且承擔未來的願景。自信心，來自於對自己有充分的認識——面對自己的軟弱，缺點，老實鍛練自己之不足，才能成為真正有力量的人。

　　任何思想都是有力量的，負面思想產生負面結果，就是破壞力。正面思想產生正面結果，就是創造力。積極正面的思維模式，不是昧著自己真實的感覺，自我感覺良好，認為「說大話畫大餅」等於積極正向能量的釋放，這是一種自我欺騙，矇眼瞎騙的幹話罷了。在思想之前的意圖是什麼？如果有意圖要創造成功，經得起時間的考驗與磨練，如果隨口說說而已，經不起時間的檢驗，很快會破功。很多包裝之後的真實話是謊話，有人還認為這是直白話，不！是不真實啊！是謊話連篇。什麼是「包裝後的真實話」是謊話？當有人常常掛在嘴上「我老實告訴你，……」，如果是真實老實說，不需要有這個前述——我老實告訴你，表示他在賣弄聰明技巧與猾頭，讓你不知不覺

上當還以爲他是直話直說，透過這樣的表達方式來拉近距離，取得信任。這是「加工」的眞實加「包裝」的口頭禪，眞實性語言是來自當下，二話不說，直接了當，沒有拐彎抹角。爲什麼需要「我老實告訴你……」放在前面？不就表示之前有所隱瞞有不方便說明，現在呢，我沒有隱藏沒有不方便透露，所以我通盤說出。這叫做加工、包裝，其實是另有用心，不能在第一個時間點就當下直說。像是這樣的心態——「眞的很假，假的很眞」，眞眞假假迷惑人心，這是狡猾狐狸的技倆罷了，是謊話。不只如此，還會設法舖陳如何說比較能夠符合其個人的好處！「我老實告訴你……」，在在顯示這個人誤用語言的力量，操作他個人的利益，這個動機是出於操弄。如果眞的要「老實告訴你……」，是毋須要頭上安頭，安裝上去的不就是加工、包裝嗎？從心理上的隱晦企圖是顯而易見的有——狡滑、自我中心、見風轉舵、沒有中心思想、想要左右逢源、急功近利，目的就是自己得利得益。

> 純粹渴望的意圖，簡單的意念，單純
> 的想法，正向的動機，沒有恐懼，沒有操
> 縱，沒有逼迫，沒有矛盾的想法，平靜的
> 狀態。

領袖，當然不用萬能，但是心智上的焠鍊是一定
要的，沒有願景、沒有核心價值，試問跟隨者若非跟
他同類，或只是圖眼前短暫的利益，為什麼要跟他一
起努力打拼呢？引領他人往更好的境界，除了利益同
盟關係，還有更重要的價值所在，心靈的滿足，成就
感，這些都是包括在成功之內。意圖是最原始的、單
純的意念，純粹渴望的意圖，不是基於恐懼、操控、
或逼迫，這是正向的力量。自我領導力——引領自己
往那裡？首先成為一個了解自己，看到自己，提昇自
己，保持這個簡單的意圖，懂得自我反省，這個驅動
力可以成就自己成為一個有領導力的領袖。

真誠的動機，單純的想要，信心期待，值得擁有。

　　採取行動，積極投入，盡心盡力，不執著結果。

　　從意圖成為一個有領導力的領導者，下一步就是就是採取行動，盡一切之可能全力以赴協助、訓練參與者面對問題，有解決問題的能力，信任自己與他人的潛在能力可以發展出來。未來及現在，新時代的領導人，具體展現——真誠的動機，有信心並期待自己創造自己想要的理想，而且值得擁有成功。在創造的過程，即使結果尚未完成，並不代表先前的努力是白費了，這是一個訊號——結果不如預期或是不如己意，只有一個目的——自我省思，我需要改變什麼？內心世界是否還有執著不放的想法，像是恐懼，急於得到結果，企圖要操作什麼呢？這些負向的思想，就是這些干擾的因素附著在目標上而影響結果。從「結果」來看不如預期，必然要檢查過程，還有自我反省，這是調整心態與作法，這個過程就是成長焠練，心智上成為更有力量能承擔責任的人。

鍛鍊心智 5——當責領導力

願力——未來
意圖——當下
專注——選擇
感謝——過去

當責領導力，你能領導自己成為當責
領導者，也能學會領導人，更好的是，訓
練他人成為當責領導者。

在當下，意識狀態是清晰明白的，此時此刻，
「意圖是什麼呢？」，隨時可以有覺察力，覺知自己
當下的意識，所緣是什麼？覺察身心正在發生的經
驗，當下真實的現象是什麼？不忘掉、不忘失正確所
緣。什麼是正確所緣？比如說「念著、想著」過去的
情境，或「念著、想著」還沒有發生的妄想情境，這
是不正確所緣。「念著、想著」一個向上的想法，一
個意圖，這是正確所緣。只要輕輕鬆鬆的，不用費力
就「念著、想著」即可，但是不能一直停留在「念
著、想著」，這樣變成「執取著」，「黏著」，這叫

做執著所「念著、想著」的想法、意圖。這就是，當下，剎那剎那之間，選擇「念著、想著」，輕鬆的「念著、想著」，不忘記「念著、想著」。這是實際修練——當下，意圖是什麼？比如說「我的意圖是好的人際關係」，那麼，在當下時，可以意圖在「好的人際關係是什麼樣的景象？可以是感覺或是一個圖像」，「念著、想著」那個感覺，「念著、想著」那個圖像，這就是意圖。可以隨時想到的時候，刻意問自己「我的意圖是什麼？」讓意識聚焦在意圖是什麼上面。當下，可以將意圖放在未來的願景、願望上。

當下，我的意圖是什麼？
當下，我的願景是什麼？
當下，我今日的目標是什麼？

選擇什麼？這是很重要的關鍵，選擇「你的意圖是什麼？」，選擇「你的願景是什麼？」，選擇「你的目標是什麼？」，選擇「你的方向是什麼？」，選擇「你的核心價值是什麼？」，隨時隨地可以刻意問自己「當下，我的選擇是什麼？」，「當下，我想要的是什麼？」，……，「當下，我的意圖是什

麼？」，停下來自己問自己，傾聽自己內心的感受、想法。集所有注意力專注於當下，選擇將注意力專注於眼前手邊的事，選擇將覺知放在自己的身體和心理，選擇覺察當下真實的現象，……，如果是散漫、雜亂無序的思想念頭，這時候是靠意志力，或是深呼吸吐氣，換個環境，使用任何方法可以讓心智稍為停歇，不受混亂思緒所束縛住，才能真正發揮選擇的力量。如果注意力一直黏著在紛紛擾擾的想法裡，憂慮擔心害怕會侵占你的心智，這是心理生病了的現象，需要找專業的人來協助，否則可能越陷越深而無法自拔，「失眠，睡眠品質不好」——這兩個現象是「結果」，控制不了自己混亂的思想是壓力的源頭，到底是受困於什麼思想，這才是真正的「原因」。解鈴還需繫鈴人，對症下藥才有效，對治自己心智到底發生了什麼？面對它才能釋放壓力。回復到注意力可以自由自在的移動，不會固著在某些或是特定的想法，這樣的境地，才可以「在當下」，才能選擇。

> 過去已經過去，感謝所有的發生，釋
> 放心牢裡舊有、執著的能量。
> 當下之光，引領你繼續往前走，生命
> 之流生生不息，生機盎然。

當下，可以讓過去成為真的過去了，以「感謝」的態度對待過去，每個當下都可以重新選擇「放手」，不再緊捉著不放，或許要重複上千萬次的感謝，一定可以釋放被壓縮在深層的執著。放手，是放過自己，從心牢裡釋放出來，這些巨大的執著能量，好比是關在不見天日的監獄裡，透過一點一滴的光照，湛透進去，黑暗會慢慢褪去，感謝之光就是救贖之光——是自己救贖自己。唯一能改變的只有自己，怎麼可能期待、等著他人的改變，那是妄想，妄想永遠是妄想。當下，選擇為自己創造光明的未來，當下，為光明的未來發願，這些願望的種子，機緣成熟一定會結果，未來是當下決定的——而且有無數的「當下」可以選擇重新開始。生命之流一直帶領著每個人往淨化之路，無論執著什麼，終究會以各種不同的形式來破除——主動或被動的方式，換言之，生命中所發生的每一件事——無好壞之分，都是要藉機讓

人們從中領悟明白——需要放掉什麼，或是需要提起什麼。「提起，放掉」，看似簡單卻不容易做到，需要一些勇氣、勇敢，就做吧！不可能失去什麼。

第二章

從心領導者之能量整合

左右腦和諧的重要性
感性理性並重
感知感覺能力

> 能量整合，意謂心智——Mind，頭腦
> 的振動頻率是一致的、和諧的，當一個人
> 處於能量整合狀態——左右腦平衡，沒有
> 拉扯衝突。

這時候可以用科學儀器測量出來，能量釋放的層級數值是比較高的數值，心智具有——開悟、和平、寧靜、愛、尊敬、明智、理解、寬恕、主動、勇氣等狀態中。心智若是處於傲慢鄙視、憤怒憎恨、恐懼憂慮、悲傷遺憾、冷漠絕望、內疚責備、羞愧等狀態中，能量指數層級是越來越低，這是大衛霍金斯博士從事多年心理研究的報告指出——人類的意識能量可

以用實際的數據分級。

　　當有人說「這個人有理說不通，無理取鬧，無法溝通」，他右腦的情緒失控——整個心智就是陷入歇斯底里，他左腦的理性思考完全無法運作，他的心智已經失去平衡，傾向情緒激動、低落或兩者皆有，能量層級呈現——憤怒、憎恨、恐懼、憂慮、悲傷，這是左右腦失衡而經常會處於比較低能量狀態。當一個人內在的能量狀態是低振動低頻率，在動物本能驅動之下，會想「寄生」、「依附」於另外一個人，甚至會想從別人那裡「掠奪」能量，當個寄生者，相對會有一個願意接受被寄生、被依賴的人；基於各種因素，而有「一個蘿蔔一個坑」的現象，表相看來是兩相情願，而底層的能量運作是互相拉扯、衝突不斷，這不符合生命淨化的基本原則，勢必雙方都要付出代價。

　　另外一個是左腦極致發達，思考論理能力極強，而右腦感受力相對薄弱，情感流動較少，左右腦不平衡的狀態，感覺感知能力也變差，「很會講理論，說道理，但是無法感覺到最細微的情感情緒的流動。」物理學家早已經證明，物質的最小單位是能量，能量的最小單位是量子，能量看的到嗎？可以思考它嗎？看不到「能量」，無法思考「能量」，心智的意識能

量級可以看到嗎？看不到的，心理學家稱這部份是「潛意識」，而感知能力是可以感知、感受到「潛意識」是儲存哪些不同的能量。感覺能力是不受限於眼睛看到、耳朵聽到……，這些五官功能，是超越「眼耳鼻舌身」這些物質層面，直接感受內心底層的能量狀態——從愛、和平……到恐懼、悲傷……。

左右腦平衡——理性思考力與感覺感受力，兩者平衡發展，不偏不倚——既有思路縝密清晰，又有感知各種能量的能力。兩者的能力是「同時」存在，可以各自同時發揮功能，而且是和諧振動，所感覺、感知到的是來自生命底層的種種或高或低的頻率，而左腦需要建立正確的知見，生命的知見，可以如實呈現正確的解讀，明白其能量所代表的涵義。

第三章

從心自我賦活之生命力

> 賦活，生命脫胎換骨的機會，「從心」
> 賦予生命的意義與價值；「重新」與自己
> 連結——真實的自己。

　　意識的——表層，好比透過電腦鍵盤而能顯現在螢幕上的「資料」——這些都是可以覺察到的一些思考的變化過程，或是情緒高低起伏。而電腦裡面看不到卻存在的程式系統，除非是電腦專家才知道它們是什麼程式在運作，當電腦當機時，維修的方式通常是找出病毒重新灌新的程式，或是手機常常需要更新系統。病毒好比是深層意識的「破壞思想」，手機系統好比是不能適用的「信念系統」，這個生命底層的意識，通常是隱而未現，除非是經過專業訓練的西方心理學家，或是實修的生命探索者，才可能透過高度敏銳的覺察力探究生命之深層意識，這比了解電腦程式或是手機系統，還要更精細複雜千千萬萬倍以上。

　　意識的——深層，存有的破壞性思想，包括——匱乏性思想、限制性思想、批判性思想、二元對立思想、仇恨報復性思想、無意義思想，這些都是以「能量」形式存在，時時刻刻會與外界共振而流露無遺，「無知者」因為不認識、不知道而認定這些是命運，

是改變不了的，或是直接否認有這些存在。物理科學家已經證實，物質是有能量的存在，最小的單位叫量子，已經將量子力學的原理應用在人類的生活中，所以有量子通訊、量子電腦、量子醫學。心理學家也運用儀器測量出來人類的思想震動頻率有高低之分，從最上層——和平、愛，到最底層的——內疚自責、羞愧蔑視，高頻震動高能量可以轉化掉低頻震動低能量。簡單來說，當你看到一個純真無邪的小孩子，剎那之間，小孩純淨的能量轉化掉你低落的情緒，心情突然開朗釋懷，像是原本烏雲密佈，一剎那之間變成晴空萬里，這就是純淨的高能量。而意識深層底層是蘊藏什麼樣的思想——能量呢？

　　小嬰兒及幼童，會吸引大人們想要親近他們，是因為他們釋放那股「好可愛」的能量——純真無邪、無條件的愛，讓大人們自然而然想要靠近他們，想要抱抱他們，是大人「蹭」他們的好能量。所以每個人與生俱來的「好能量」，在嬰兒幼兒時期最明顯而且大量的流露出來，像是「天使般」帶給大人們很多的愉悅與療癒，漸漸的不再可愛了，是因為開始與外界的人、物頻繁接觸，他們與生帶來的習性也開始展露無遺……，有時候沒來由的就是「來亂」的，有些小孩不聽就是不聽，不是因為還小聽不懂，是「拒絕」

接受大人的道理，這個「拒絕接受」就是他的習性在作梗，強而有力的不受教（不接受教導），他硬是依自己深層意識的破壞性想法、無知的習慣性想法，在使性子或是吵鬧、抵抗，更大一些，叫他們「小鬼」就是最好的印證——像是魔鬼般難纏，如果大人沒有足夠的智慧與勇氣來面對，找到辦法對治，長大之後就為時已晚——他的「為所欲為」已經造成「大尾的」。

　　當生命已經被自己「無法意識到」的思想所成就時，你可以任性不買單它們的存在——無法覺察到的自己，但是你無法否認對自己的不滿意，否則你會停止抱怨受害；要不，就是你「偽裝」成為受害者，你只是想要貪得更多的注意力與關心。

　　為什麼需要認識「意識的——深層」？有何意義呢？這當然很重要，因為所有一切生命的答案、生命運作的模式都儲存於此，如果電腦、手機當機，可以重灌程式或更新系統。而生命如果運作不良，當然要從根本著手——認識它、了解它、改變它，此時生命

已經被自己「無法意識到」的思想運作成功了，你不喜歡這樣子，還是照常運作；你抱怨命運，還是依然故我，你擺脫不了已經是當機的事實。只有微乎其微的人會想要知道為什麼當機？多數人沒有自知之明，以為「當機」是自然現象，可以繼續使用下去啊！沒有問題啊！只要從出現的「現象」改善就好了，沒有足夠的錢，就想辦法多賺點錢。生病了，看醫生吃藥多運動。工作不如預期想像，就換工作啊！關係搞不好，換對象啊！鬱悶不開心，找樂子找刺激啊！出國散心啊！從來沒有想過要問自己「我到底怎麼了？」「我的生命到底怎麼了？」很少人會質疑自己眼前的現象——只是「表相」，所呈現的現象都已經是「結果」；既然是表相表示有裡面的層面存在——是一切現象的「原因」所在。裡面的層面——就是自己無法意識到的思想，自己尚未認識的自己，自己未能意識的——深層。既然所呈現出來的現象——已經是「結果」，勢必要除去「原因」才有用啊，問題是這是巨大無比的工程，非一般人可以想像的龐大啊！好消息是早有智慧的聖人早已經傳遞正確可行的方法，人們能否有機會「認識自己」，端看個人是否有足夠的渴望，如果有一天不再只是膚淺的從表面的現象看待生命，願意往內認識了解自己，就有機會相應到適合的

方法，重新與自己有連結，從心賦予生命的意義。

　　生命底層的「破壞性思想」，這是相對於「創造性思想」而存在的一個反方向的想法。「破壞性思想」也是人們積習難改，不知不覺會「重複想到」這些想法、依循這些想法「不知不覺中而決定」做什麼或不做什麼，一旦做或不做之後，又不知不覺中再「加深、強化這些想法」，這些想法變成越來越眞實，如此一來這些破壞性思想變成牢不可破的、僵化的，形成有股衝動存在的驅動力——堅信不移，最後甚至不用想就去做了，自動自發反應。

　　匱乏心態——我「沒有」辦法，我「沒有」錢，我「沒有」時間，我「沒有」用，生命被「我沒有」……這些「匱乏思想」驅動下，莫名的壓力——焦慮、緊張、恐慌、不安全感、恐懼等等可以感受到的情緒反應。

　　因爲匱乏思想而有恐懼等情緒，甚至被情緒所籠罩而無法「如法如理」思惟，表相上會出現很多不合理的言行舉止，怪異行徑，讓人無法理解爲何？這是

情緒泛濫淹沒理性的思考。

　　同樣地，因為匱乏思想的驅動之下，有股更強大的思想系統強壓克制住情緒反應，而逼迫自己積極有作為——「努力」「想辦法」往反方向操作，拼命利用時間不浪費時間，拼命賺錢不浪費錢，盡其所能來「證明自己」是有辦法有能力有用的，即使已經「擁有」很多了，「能力」很好了，還是覺得不夠不足——這個無形的壓力讓人無法停下來，一直在鞭策著去做更多更好，理性思考也是無法說服他強而有力的信念系統。

　　哪來的匱乏呢？哪來的「我」沒有……呢？已經習慣了我、我、我……，我沒有這個、我沒有那個、我不夠、我沒辦法……，一切都是「自我」為中心，一切都是聚焦在「我不足」、「我缺乏」、「我沒有」。這個自我，這個我，眼睛看到的——我看到什麼什麼，耳朵聽到的——我聽到什麼什麼，鼻子嗅出的——我聞到什麼什麼，嘴巴吃到的——我吃到什麼什麼，身體碰觸到的——我覺得冷啊熱啊什麼，頭腦想的——我想這樣我想那樣，全部都圍繞在——我看，我聽，我聞，我吃，我覺得，我想要。主詞永遠是「我」，動詞永遠是「想要」「擁有」，也就是據為己有——變成「我的」，變成「我要有」，如果得

不到，就變成「我沒有」。所有的感官所經驗到的一切，都會因為想要持續擁有這些經驗而產生執著，愉悅的經驗想要重複經驗，痛苦的經驗就算排斥它卻必需重複經驗它，想要「離苦得樂」，卻偏偏「得苦離樂」，這個我——就是要「享有」很多很多……我要的，一定是欲求不滿，所以必然是匱乏的。

「匱乏思想」本身就是一個錯誤的想法，誤會的是——我想要得到的一切……，無論那是什麼，一切都只是透過我的眼睛、耳朵、鼻子、嘴巴、身體，大腦，在「經驗」而已，不曾真正可以「持有」「享有」它們，開心不開心，好吃不好吃，愉悅不愉悅，就只是剎那即逝，沒有一個真實的我可以擁有這些經驗，而與生俱來的我執會執著有真實的我，執著要執取這些剎那即消逝的經驗。這是不存在的——匱乏思想。「我」，卻一直受困在「我沒有……」的妄想，或是一直算計著「我有……」而試圖守住我有的，執著我有的，「我有……」也是妄想而已。透過所有的經驗，目的只是要放掉執著——如實經驗而不執著，如實經驗而不排斥。

因為匱乏思想——「我沒有……」而連結到「我很可憐」、「我沒人要」、「我沒人愛」等等這些自我攻擊的受害思想，再再自己破壞自己的生命，而導

致生病、意外、破產、失敗等等現象，這就是最大的破壞力——摧毀生命。

　　限制性想法，一個個框框限制住一個人的創造力，原本可以在大海裡遨遊，卻將自己框在小池塘裡慢遊。

　　限制性想法——可能感覺不舒服或是舒服，想到冒險，有些人會覺得冒著生命危險而不舒服，有些人會覺得刺激好玩而舒服。對於冒險這件事，有些人對它有限制性的想法是——不舒服，有些人對它有限制性的想法是——刺激好玩、舒服的。所以每個人不知不覺中被「各種想法」「限制了自己的經驗」，因為限制，所以會侷限在框框裡的想法——經驗到刺激舒服、危險不舒服，其實也同時排除掉其他很多可能性的經驗，限制性想法就是框住了原本可以經驗到的豐富的生命經驗。

　　希望永遠的——趨吉避凶，離苦得樂。對於「吉、凶、苦、樂」有刻板印象已經深深的受其影響，真實的感受是這一切的煩惱都是剎那剎那流動過去的經驗，不可能「定住在」一直的吉或是永遠不變

的樂，意識到任何的想法都是這樣無常的、變動的，一旦在任何想法上「安上」一個標籤，頭上安頭，像是苦是不好的，苦就是苦，「不好的」就是標籤、就是限制，自然而然就會排斥經驗苦，而苦是生命中自然就會感受到的，因為苦是生命的本質之一啊，怎麼可以覆蓋生命中自然的本質呢？感受到苦，若是沒有正確的認知，而受其感受到苦而苦，就是受苦，受苦所害的受害者，這是顛倒的想法。苦瓜是苦的，你可以選擇不吃而不用感受苦在嘴巴，而生命的苦，你可以排斥而不用感受到苦，但是苦依然在心頭裡面，悶著苦，有苦難言，那就是受苦之所害，而成為生命之受害者。如實經驗苦，就像如實經驗樂一樣，苦也好樂也罷，任何的想法感受都是來來來去去的，剎那生滅變異，不迎不拒，不取不捨，所有的感官所經驗的一切都是要如此看待。偏偏是跳進去樂境界不想出來，跳進去苦境界想要快快甩掉，事實上是常常做不了主啊！所以苦啊！

　　限制性思想——限制自己的能力只能在某些方面可以用，這是最大的自我限制，有個框框——我只能做什麼事，同時卻羨慕別人可以做到自己做不到的事，與其羨慕何不自己放手去做呢？真相是——不想要付出任何代價，去得到別人做到的事。這個自我限

制其實是藉口而已，羨慕別人而自認爲自己沒有能力可以做到，「沒有能力」是藉口，「不想付出代價」是眞正的原因所在。換句話說，只想要享受成果不想要付出代價――想要撈到白吃的午餐，而這個自我限制性想法――是懶人懶惰心態的結果。

　　二元對立的世界，對立面就表示會有衝突嗎？如果「對立」是已知的立場，像是上下的關係，從上面的立場，往下看是下面，往上看是上面，自己變成下面。立場是對立，從各自的觀點來看一定是不同的角度、不同的角色，相異的立場、想法如何相容呢？對立可以相容嗎？

　　白天、夜晚可以共存，晴天雨天可以共存――出太陽又下雨，以地球來看，一年四季也是共存，而不同種族文化習慣不同也是共存，自然界存在很多相異的景象也是可以共存。而人的生命經驗是各自不同，也是可以共存相容，什麼時候會衝突呢？撞擊到各自的利益或是強而有力的悍衛自己的想法，這時候會有衝突發生。「改變想法」很難的，所以要接受別人的

想法容易嗎？答案是不容易啊，幸好，我們不用「接受」不同的想法，只要不要心存悍衛的心態——排擠不同的想法，如果在心裡已經架設「防衛機制」的心牆，那麼是無法相容不同的想法。相容性表示擴大自己的心量，自然會容的下來不同的想法。相容性表示不起排斥、排擠的想法——在於不對不同的想法再安上種種的標籤——錯的，不好的。甚而堅持「我是對的」，這個時候就會自動排斥不同的想法。其實是自己內心在「排斥」，是這個令人不舒服。是堅持自己是對的，是這個悍衛「自己是對的」——的防衛機制在作祟，當外界不同的思想出現時，「防衛機制」會自動反應反彈反擊。如果兩個人都處在相同的防衛機制時，就出現衝突、吵架、各說各的，互相攻擊，各執己見，根本不可能「聽進去」對方在說什麼。只是單純的「不同的想法」無法相容嗎？不是。是雙方堅持立場——堅持自己是對的，同時又企圖想要改變對方的立場，或是試圖證明自己是對的、證明對方是錯的，是因為這些原因而處於無法相容的狀況——不只是彼此的想法不相容，甚至連帶也容不下彼此的存在，有人會採取更激烈的手段——人身攻擊。

防衛機制，就是自我防衛、自我捍衛，這是我執。執著於「我」的想法，執著於「我」是對的，執

著於「我」是真實的存在。「捍衛」、「防衛」就是心牆，一道無形的高牆，拒絕與外界聯繫，拒絕接受它所認定的「有害思想」——只要是不同於自己的想法，自己不知道的新知，就是屬於有害於我的想法。這是封閉的心態，文盲式的自我封閉，活在自己的世界裡，困住自己在小小的空間，就算沒有窒息而死，也算是慢性自殺，扼殺了生命應該是活在自由自在、無拘無束的境界，這是違背了生命的價值。因為「對立」的思想而將自己孤立於與人連結之外，這樣的生命狀態是對這個世界有敵意的。

批判思想，依據什麼觀點而評斷呢？世間的一切作為都是依循習性而為，若非了解習性、因果為何，依此根據而作的論述比較可能不偏不倚，否則，一切所言皆屬自圓其說，依各自的立場各自表述而已，沒有所謂的中立原則，都有各自的原則。

每個人都會從「自己的觀點、想法」來回應外界，而且多數人都「自以為是」，能夠引起共鳴，也不一定表示是合理。從起心動念起，是基於什麼動機

而說？良善的動機？怨恨的動機？這是重要的分別，從善的心念而批評，是有價值的回應。反之，如果是怨念、抱怨、恨意而批評，哪怕是正確的想法，也是令人難以信服！批判思想是基於什麼心態而來呢？從道德標準，人格品德，人性的角度而來的批判思維，所依循的是「做人的道理」，從他人善意的提醒是值得每個人自我反思、反省，這是做人可以進步的地方，培養自己反省的能力。更進一步的能力是可以「自我引導自己」——認識自己。「自我省思」是本能，但不是每個人都意識到能夠自覺，自己覺察自己。

「自我批判」或是「批判他人」，是帶著不滿意、憤怒、怨恨的情緒投射在自己或是他人身上。對自己不滿意，有些人將不滿意投射自己哪裡不好、不對，或是投射自己的不滿意而說他人哪裡不好、不對。這種批判，是基於不滿意，延伸憤怒的情緒、怨恨的情緒，會有「殺傷力」的。心裡頭一直評斷自己、攻擊自己，或是將此情緒轉而投射在他人身上，心裡頭一直評斷他人、攻擊他人。因為不滿意而延伸生氣憤怒的情緒，不滿意自己的表現，所以給自己安了很多「我沒有能力」、「我沒有用」、「我沒有……」等等這些想法，然後變成是憤怒、怨恨的情

緒。不滿意自己，也會轉而不滿意他人，看到別人沒有能力、沒有用、沒有……，然後同樣的會對他人生氣憤怒、怨恨怪罪。

我得不到的失望，如果一再的重複這個經驗，「我失望」變成「我抱怨」。

久久不能釋懷，「我絕望」演變成「我恨得不到」，最後「我報復」「我毀了」。

對於得不到的失望到絕望，怨恨油然而生，甚至採取報復性行為，這一連串的習性反應停不下來，最終報復的作用力還是回到自己，需要承受果報——自作自受啊！沒有人不知道這個道理，可是「理性」控制不了「習性」，還是做了也毀了自己。報仇雪恨，這不是利己利人的想法，卻是一再發生的復仇記，形成人與人之間有莫名的壓力「擋在」彼此之間，到底是誰先啟動的？追究始作俑者也是於事無補啊！誰先放手？讓一切恩怨就到此為止，當下承擔自己的想法、感覺、情緒，不再去收集誰對誰錯的證據，不再去證明自己是對的，別人是錯的，依此下去沒完沒了，收手認了，自己收拾善後——釋放自己的怨恨，

自己的想法情緒自己負責。停止抱怨，創造未來，才有希望啊！怨恨報復是通往地獄的不歸路啊！是自己把自己困住在自己仇恨思想的地獄裡面，解脫出來就在當下的一念之間，放過自己吧！也許需要一次、二次……無數次，別放棄，堅持下去，心靈自由自在的代價永遠值得去努力。

　　生命，是愛、光明、神聖、豐富，每個人都可以自由自在經驗到這一切。

　　反之，如果沒有經驗到這些，表示未來是有希望的，因為可以朝此方向成長。

　　生命的光明是一直存在的，生命的意義就是經驗光明的人生，這不是想像中的情境，而是很多人都在分享的感受——充滿希望、溫暖、感動人心、友善、信任……。創造性的思想帶來向上的能量流動，而破壞性的思想引導向下的能量流動，為什麼會跟著習性經驗到「無意義」？就是受此意識深層的破壞性思想所影響，如果一直無意識的隨著破壞性思想而受苦，遺忘了生命的光明，任何時候都可以決定要轉身，因為光明一直都存在每個人的身邊，需要不斷的學習去

看到它的存在。

　　重新賦予自己的生命——無條件的愛，
從心接納自己，感謝生命，引領自己。

　　任何人的生命經驗，都是在分享生命的多面貌與
各有其存在的價值，每個人都在各自所扮演的角色裡
展現彼此都有的人性與光明，怎麼看待這些人性呢？
從心學習接納自己——這就是無條件的愛。感謝任何
的生命，在彼此交流連結的當下——就是光明輝映。
生命就是愛與光明，重新賦予自己與他人的生命皆是
如此，除此之外，只是需要時間引領自己去相應「愛
與光明」。

　　感謝思想創造豐富的生命，感謝是一
種生命態度。

　　這世界，所有的一切的運作都是息息相關、密不
可分，所有的人生活在一個很大的無形的連結網，彼
此之間有無形的能量糾纏在一起，超越時空存在著複

雜的關連性；要解開其中之奧秘，是非常困難的任務，但是可以選擇並養成感謝的心態來看待自己與世界上的所有的人事物，感謝思想可以為自己的生命帶來不可思議的力量，並創造豐富的生命經驗。

第四章

從心自我領導之領導力

真心渴望——期待實現夢想

純粹意圖——自然乾淨俱足

驅動力量——動機己利利他

真誠影響——內外和諧一致

> 心腦合一，一致性，沒有衝突，同時
> 專注於目標上可以不費力實現夢想，這是
> 必然的結果。

心裡「渴望」的，可能和腦袋裡以為「想要」的是不同的。心腦不一，會使得「夢想」淪為是「空想」，最後夢想變成一場夢，不勝唏噓啊。「渴望」是持久性的欲望，「想要」是短暫性的喜歡；「渴望」是有長期不變的熱度與堅持，「想要」是間歇性的、隨興的衝動。可見，「渴望」背後有其支撐存

在——其內涵是有價值的、使命感、理性的選擇。「想要」只是滿足擁有、佔有的執念、一時情緒激動、不假思索的反應而已。

夢想是什麼？想要從中經驗什麼呢？偉大的夢想可以實現，決定於對於這個距離遙遠的未來有什麼憧憬？為什麼會有這樣的願景藍圖？從這些一層一層往內探索，覺察是否存在「渴望」？饑餓的人，飢不擇食，在欠缺、缺乏的心態之下，渴求食物的滿足，這個飢渴難耐啊，只要有任何食物當前，一定本能反應吃下去，沒有選擇的餘地，這個現象不能說是渴望。基於缺少、匱乏的心態而想要彌補的夢想，這個層面是有意義的療癒效果，同時也可能存在利他的動機。

單純、直覺、純粹的意圖，俱足生命及世界成就的原則。

從個人內心而出現的——直覺意念，這是純粹的想法意圖，沒有任何頭腦的介入，沒有受到主觀價值的影響。也可以稱為是領悟，這是來自每個人內心深處的「神秘的智慧」，為什麼稱神祕的智慧？神奇又秘密，因為絕多數的人不知道有祂的存在，就算知道

也可能不相信，即使相信也不知道如何使用。有人一直在運用而不自知是來自於自身的能力，任何人都具備這個神秘的智慧，只是只有少數的人有興趣了解祂。

　　人們想要獲得的成就，除了靠這個直覺意念創造，還有很多需要努力的成分，包括專注於自身的力量──運用思考的能力，確定方向之後，不斷的尋找解決辦法突破瓶頸，一心一意與問題交手，鍛鍊心智力量更強大，不斷的超越自己──成長茁壯。其實，沒有所謂的外在的競爭者，只有自己超越自己而已。因為創造力造就了一切，每個人都可以創造自己想要的目標理想，跟其他人沒有關係，別人所擁有的一切不會影響到你想創造的。而你所創造的一切，別人也無法奪走你的創造力所展現的結果。因為這個世界是無盡的豐盛，任何人的內心世界也是無限的創造潛能。

　　純粹的意圖專注在自己身上，開發自身潛在的能力，包容各人有各人的才能，好比自然界的動植物無奇不有、包羅萬象、百花綻放，人類的存在也是這樣。

> 驅動系統好比是汽車的引擎，驅動程
> 序啟動後才可能往前推進，而推動自我領
> 導力的驅動力在那裡呢？目標？成長？成
> 功？

從心領導自己，這是生命個體至高的榮譽？神聖的目標？到底是什麼樣的驅動力可以推動個人——從心自我領導？有人會認為是為了追求更多的功成名就，所以無論如何一定要「驅動」、「逼迫」自己要努力。這是外在的動機，可能有些想要得到這些的人會這麼做，一旦達成任務之後，就算大功告成了，可以退休休息了，這個「功成身退」之後，延續生命的意義可能是為了個人的興趣愛好而活，或是傳授其畢生經驗分享給更多人。也有人功成之後還來不及身退，就此打住而身亡了。

在這裡想要傳達的是，超越物質成就之外的生命歷程，也就是生命的內在動機，不需要用物質的成就來衡量的存在的價值與精神意義，這是生命中最根源的驅動力，也是生生世世賴以維繫正向發展的、一貫性的力量。那是什麼呢？

透過所從事的工作裡，從工作的過程當中可以反

映出每個人的內在思維方式與價值觀，最大的挑戰是要面對自己的良知良能——是「昧著良心」或是「守護良心」？從此又延伸——是「自私自利」或是「利人利己」？這是選擇的結果，而依據什麼來選擇？「明辨善惡」的明辨力與「愛人如己」的慈悲力，這兩個力量是輔助的驅動系統。而生命之根本驅動力所在——迎向光明面，正向成長。隨之而來的成功經驗，是加速推動的輔助驅動系統。

　　啓動從心自我領導力，就是成長的動力。有人需要經過徹底的痛苦、挫折與打擊，才會意識到要改變現狀，改變過程就是成長，有點點滴滴的成長，累積到一定程度才能經驗到所謂的小成功，持續成長持續往前推，足夠的時間才能看到具體的目標實現，成就夢想就是透過累積無數的成長，展現出來的具象結果。

　　真誠無敵，「真誠」是一個人裡外一致，內外和諧。

　　商品需要包裝設計，人需要衣裝配飾。商品需要展示推廣，讓人們認識它；而人需要自我表達，讓他

人認識你是誰。由此可知，做一個真誠的人，目的很簡單，就是讓他人認識你是誰？所以當一個人「表裡不一」，這就是不需要的、多餘的「包裝」，不管是任何理由，讓你「以為」在別人面前不可以赤裸裸的、坦蕩蕩的說出自己想說的話，這些理由都是虛假的理由，因為是虛假不實的理由，會讓人感知到或是猜想：在虛假理由的背後隱藏著真正的心態是什麼呢？也就是說用言語包裝自己，必然有其目的，那個目的就是隱藏的意圖——不明說的用意，別有用心。

　　從心自我領導，面對自己的內心世界是最重要的課題，「真誠、直心」——表裡如一、不虛偽、不矯情、不做作，這是一個人最好的影響力，也是勇氣與自信的展現。「真誠無敵」，一個真誠的人怎麼可能樹敵呢？人前人後，表裡一致，所釋放的是內外和諧的能量——沒有衝突予盾，當然不會招致外界的負面能量，而自己本身也是正面能量滿滿。

第五章

從心領導之生命願景圖

為什麼需要有願景、目標？

心智產物——「想法——結果」

心智產物——無意識創造命運

跳脫心智——無意識的干擾、糾纏

創造未來願景圖，聚焦在當下，經驗成功

　　思想的力量，就是創造力的展現，先有思想後有創造力。

　　試想：如果一個人任由生命隨波逐流，會如何呢？很難想像會如何發展下去，這個世界有些生命個體只圖求活著、能夠活下去就好了，這也是一種目標啊！對某些人而言「能夠活著就是最大的幸福」，如果這是真的，那麼朝著這個目標努力，「好好活著」就是一個努力的方向。

　　「願景」是刻意去思考，想像，期待，規劃的未

來構想圖，好比要量身打造自己一個理想生活——朝向積極正面、有意義的未來。這是「先看到」未來，與自己「預約」未來，這個必然會發生的，因爲我們有神奇驚人的創造力可以實現這個夢想。

> 想什麼才做什麼，有想法才有行動，
> 有思考才能創造什麼。

心智就是大腦的功能，也可以直接而簡單的說「思維、思考能力」與「情感、感受力」。大腦裡的思維及邏輯推理、感受能力等功能，是心智起作用的「原因」所在，才能對應、反應外在的環境而採取行動，所以行動是最後看到的「結果」。而能夠指揮心智功能運作的總司令，就是生命的創造源頭，可以稱祂是無限的存在，眞心，或是靈性，祂是啞吧總司令總管我們的眼耳鼻舌身意識等七個識心，而大腦的功能就是祂所管轄範圍內的各個部門的集合體。

思考能力創造結果，想什麼才「做」什麼，所以，思考是正確思維、或是不正確思維，就是關係「結果」的因素。有什麼樣的想法、想像，就會影響結果是什麼，而人們能夠掌控自己有什麼想法，約百

分之五左右而已，換句話說有百分之九十五是自己無法掌握自己有什麼想法的。

對於那些未知的領域，那百分之九十五蘊藏著什麼呢？這是不為人知的生命的奧妙。一般人只能從那百分之五的思想裡略知一二罷了，所以說「生命」本身就是非常「不可思議」「難以理解」，就算窮盡一生心力敞開心探究竟，能知道的實在是太微不足道了。

　　生命中百分九十五的未知，無法意識到的百分之九十五——正在創造命運。

因為未知，因為無意識，所以無法掌控，而這一部份卻一直不間斷地運作，無論頭腦喜歡或是討厭，生命依然是一直進行中。想要改變，是從那百分之五的表層的想法中意識到自己「想要」改變，如何「說服」自己那百分之九十五的深層想法同意並且一致行動呢？這就是靠心智思考的力量——有正確的認知，有採取行動的能力，並且能夠長期持續不斷地思考，有實際可行的方法。

未經心智思考的過程，跟著百分之九十五的想法

力量所牽引而行動，這就是無意識在創造自己的命運，未知的自己在創造自己的命運，終究還是自己。

刻意思考未來方向，擺脫無意識的干擾、糾纏。

既然是無法掌控的無意識在創造自己不喜歡的生命經驗，如何能脫身不受其牽引呢？百分之九十五是很大的力量所在，連百分之五都不具足的力量如何能夠擺脫無意識呢？刻意，專注在思考未來的方向，並且付諸有效行動，累積點點滴滴努力，這是一個不對等的拔河比賽，創造願景以智取勝。

化不可能為可能，聚焦在每個當下，步步為營，走一步算一步。

累積每一個當下的一步，一步接一步，走一步是一步，沒有什麼捷徑可言，沒有什麼快速之道，可行之道就是專注於每一步，每一個當下。創造未來願景就是依據此原則，按步就班，依法而行。

第六章
從心領導者之核心價值

生命價值觀

靈性成長

> 唯一需要改變進步的人，只有自己；
> 唯有自己的淨化才能影響週遭的人。

　　生命的價值不在於做了多少豐功偉業，也不在於有多少的功成名就。生命的價值在於你對這個世界貢獻了什麼？不是你做了多少的好事？捐獻了多少財富？最有意義的貢獻是——你改變了多少？因為你的改變而影響了他人的改變。而你的改變是從心出發，淨化習性，這是非常重要的價值。因為一個人的改變成長會貢獻給世界更多的正向能量，帶給世界更多的平靜與安定，只要從心做起，就是在服務別人。

　　投入多少的時間在自己的內心世界呢？能夠與自己同在——獨處，這是成長必經的的磨練。不會獨

處，怎麼可能認識自己？不認識自己，怎麼可能認識
他人？不認識他人，怎麼可能與人相處？結論是：不
會獨處，不可能與人相處。能夠獨處，才算是真正的
獨立個體。有能力獨處，才能與人同處。

　　獨處，才能自我了解，這才是真正的
靈性成長。

　　講的更清楚的是，靈性一直與你同在，如果你的
注意力都專注在自身之外，怎麼可能去發現自己的內
心世界是什麼？怎麼可能去探索自己是誰？怎麼可能
了解自己呢？而不斷的展現自己的靈性之美，就是持
續淨化習性的過程，自然而然就是在散發靈性的力
量——無條件的愛，可以稱之靈性成長。

第七章

從心領導者之天賦使命

熱情之所在
生命之志業

　　終其一生，全心全力，熱切關注的事，
生命志業之所在。

　　畢生致力、竭盡所能從事、推動某個理念、理想
而樂此不疲，有源源不絕的動力與活力滿滿，無怨無
悔、不計代價投入其中，生命幾乎與此理想融合為一
了，這就是生命志業。無論如何，這個生命志業對任
何人而言，幾乎是執著的態度，念茲在茲就是全力以
赴，甚至是犧牲生命也再所不惜。

　　為什麼會有如此強烈的使命感？這就是熱情之所
在——強而有力的天賦使命，他的生命就是為了完成
此使命而存在。「堅持的信念」支持其繼續努力，奮

鬥不懈，而這個信念必然是利他的動機，唯有真的利他才能持續下去。人類天生俱有慈悲心與無條件的愛，此天生的本能會很自然的、無私的分享給世界。

天賦使命，具體展現在不同的領域、貢獻不同的能力。

看是簡單而平凡的事，任何人都可能展現其天賦使命，在其工作領域中默默付出，默默守護身邊的每一個人。即使沒有任何的光環或是掌聲，依然本著初衷繼續堅持自己的理念，不需要他人的認同、不在乎毀譽，在任何情況之下都不會隨波逐流，這個精神必然會「天助自助者」，以其獨特的能力精神貢獻給世界，最後是「有志者事竟成」。

第八章

從心領導者之無限潛能

當下決定一切

開啟無限潛能

　　當下，了斷因果循環。當下，中止受害意識。當下，決定一切。

　　只有「當下」這個片刻、剎那，可以思考、選擇、表達、決定、執行、調整。可是頭腦的機制裡，在這個「當下」之前，所儲存在頭腦裡的「過去的」記憶、印象、感受並沒有真正的過去不存在，它們是同時在當下存在的幻影，卻一直在左右你無法全然活在當下，再加上還沒有發生的「未來的」想法——這些多數是害怕、想像，也是在當下存在的幻想而已，所謂「過去發生的、現在正在進行的、未來還沒有的事」都同時匯集於當下，所以當下——此時此刻——

「過去的、現在的、未來的」糾纏不清，而且互為因果循環，這就是沒完沒了的「心理時間」的束縛。

　　人不自覺的成為自己「心理時間」的受害者，因為這些隱藏於內的受害意識一直累積而成為受害者故事。「因果」循環，就是「心理」時間循環。如：「昨天」被老闆訓話，而你可能覺得被誤會而不爽，可能基於：他是老闆，我不可以解釋。或是我解釋也沒有用。不論基於任何理由，你沒有為自己表達清楚，有可能：老闆誤會你或你誤會老闆，老闆沒有誤會你，是你的表現他不滿意，或是老闆沒有誤會你，是你真的做不好。「今天」看到的老闆，他已經不是昨天的他，老闆什麼也沒說沒做，今天的你也不是昨天的你，而今天看到老闆時，你的不爽，在今天－當下－看到老闆時又出現了。昨天的不爽又在今天出現，你心理不滿的情緒沒有過去，沒有結束，很自然的你會將這些情緒投射在老闆身上，你不能接納自己的情緒反應而轉為──不爽老闆、生氣老闆，認為自己之所以有情緒都是老闆帶給我的，所以變成是「老闆的受害者」。或是你記恨老闆訓你，你不能接受「老闆訓你」這件事情──老闆怎麼可以訓我，我又沒有做錯，還是變成「老闆的受害者」。

　　從這裡來看，「昨天的因，成為今天的果」，昨

天當下沒有勇氣表達溝通——這個原因，導致有情緒而且儲存起來或記恨在心，而今天當下看到老闆時，你的情緒——不爽或是瞋心投射給他——產生這個結果。今天這個不爽或懷恨的結果，又變成原因，變成你心理——你指責老闆、譴責老闆的這個果，「今天的果，成為明天的因」，從此以後你成為老闆的受害者，你的腦袋可以編織成任何受害者的故事。如：老闆是個不分青紅皂白的人，老闆脾氣暴躁易怒，當員工沒有辦法就是要被訓，就是註定倒霉……，或是轉為自我譴責：都是我不會說話，老闆才會這樣對我，都是我怎樣怎樣……，所以老闆才會這樣對待我。這是一體兩面的說法，譴責他人或是自我譴責，背後都是「受害意識」情結延伸出來的「受害者故事」。

　　從一個當下的決定，如果當下選擇表達清楚，不可能延伸「昨天的因，造成今天的果」，「今天的果，造成明天的因」，因－果（因）－果（因）－果（因）……。當然還有緣的元素加入，才能成就因緣果報，這個「心理的因果循環」錯綜複雜又糾纏不休，所有的因果關係都是在自己心裡自動循環，都是自己內心世界重複不斷上演的戲碼——都只有自己的想法及習性在上演著，卻把外面的老闆、家人朋友編進來成為主角，甚至是編派他們是陷害你的敵人仇人

的角色，你的心理住滿了無數不相關的人，然後在心理自編自導自演一部被欺負甚至被蹧踏的戲碼，這就是「受害者」的「受害故事」。昨日的因，成為今日的果，今日的果又變成新的因，然後又創造了下一個果，……，這是沒完沒了的因果循環，如何處在每個「當下」了斷因果循環的可能性呢？

開啟無限之光，當下真實表達。

　　人盡皆知的「國王的新衣」，赤子之心的天真無邪，這是無害。因為每個人皆有真性情、真情流露，「真」怎麼可能是有害的呢？「假」久了當然認不得「真」、不習慣真，「唯真無害」啊！回復本來純真無邪，表達自己就是流動自己的想法、感覺，不捉取任何想法、感覺。社會化之後的產物——頭腦非常複雜而混亂，多數人忘記曾經的單純、簡單，表達變成政治化——隱藏真實的想法、感覺，看人說話，簡單的事經過頭腦九彎十八拐，變成很複雜很難懂。事情本身很單純，經過不同人的頭腦之後，變成各說各話。因為每個人都是根據自己的想法習慣——這些過濾網在回應當下的情境，唯有在當下真實表達，才能

創造清晰、明朗的空間，洞悉事情的原貌。純眞，不難，唯有放掉面具——面子、形象。不執著任何結果，就沒有恐懼，因爲也沒有什麼會失去。

第九章

從心領導者之賦權賦能

臣服生命之流
當責賦權
當責賦能

　　臣服生命之流，先承擔、放掉，再提
起。

　　臣服於自己的生命，每個當下經驗到是什麼就是
什麼，這是當下承擔。「不」承擔就會覺得辛苦、吃
苦、忍耐、無奈啊！承擔起來，就是輕鬆的。一旦
「承擔起來」，表示同時也「放掉」對錯、好壞、成
敗、得失，不再計較，不再擔心，……因爲放掉這些
紛紛擾擾了，當然是輕鬆的。所謂生命之流，就是隨
順因緣——當下承擔同時當下放掉，下一個當下就是
提起——創造。任何的思想、意念，當下「成、住、

異、滅」，剎那剎那在流逝中，若非人的我執捉取不放，否則是不會「久留不去」的，臣服於這些想法來來去去，就是臣服生命之流，任何所謂好好壞壞的想法也是如此啊！「不捉取、不執著」，這是要修鍊心性才能做到的。

　　當責賦權，當下承擔責任，從心賦權自己與他人。

　　當責態度，當下承擔起來責任，所謂的責任，也不是責任，因為已經從心油然而生，當下知道、明白一定可以做到，這就是信任。因為從心流露的無限智慧，是超越頭腦的認知，必然可以迎刃而解，「生命中的一切際遇，沒有解決不了的事，只有不想解決的我執擋在那裡。」同樣的心態對待他人，信任他人如你一樣一樣的有無限的智慧，唯有你的我執——自以為你行別人不行，你可以別人不可以，才會阻礙你賦權他人。所以，「承擔」賦權他人，這是當責賦權。

> 　　當責賦能，當下承擔責任，從心賦能
> 自己與他人。

　　沒有誰的能力比誰更好更強，只有自以為自己聰明時，才會貶低其他人，否則只是有沒有發揮出來的差別而已。再者，不在其位者，很難定論他人的能力是如何？因為換成是你在那個位置上，你做的不一定比他好。無須比較能力高低，唯有你承擔責任——要從心賦能他人，被賦予者才能被影響而發揮最大的能力出來。所以，「承擔」賦能他人，這是當責賦能。

第十章

從心領導者之非凡風貌

非權威形象
非思想僵化
非眼見為憑
是從心出發
是直覺創新
是超越頭腦

> 從心領導者的風格，
> 超越頭腦偏限的認知。

　　有別於傳統舊時代的領導人，從心領導者各自有
其個人的特質，沒有「一定」非得如何的刻板印象，
也不是標新立異，是自然的態度，跳脫權威形象。他
們能夠影響人們的，絕非是他們的形象，是他們的理
念想法，抽象概念甚於具象，不拘形式。以各自的創
造力展現創新的設計，所要傳達的心意是超越頭腦的

變身為自己的大老闆
量子能量意識大躍進

認知。

第二篇

當責賦權——
致富思維

序言

　　擁有很多錢的富人可能心態上是很貧窮的窮人，沒有擁有很多錢的人——多數人心態是貧窮，唯有少數人是富有的。

　　富有的窮人，沒有很多錢的窮人，心態上都是窮人。窮人的心態是表示「缺乏、欠缺」很多很多，怎麼會擁有了財富還是窮人心呢？因為金錢不能直接填滿心裡的「缺乏感」，金錢可以買到很多物質的東西、做很多事，但是精神的滿足需要靠精神的糧食來滋養，如果沒有辦法以金錢去換取得到精神糧食，那麼精神上的缺乏感會一直存在，即便有很多財富，還是一個窮人。

　　沒有很多錢的窮人，每天打拼生活，只為了不要飢餓，有可能「餵飽餵好」自己嗎？當然是不會。更不用說會有多餘的錢、空閒的時間可以去換取得到精神糧食，所以一定是窮人。只有極極少數的人例外，他們可以自己滿足自己的精神糧食。

　　「金錢、財富」是生為人最重要的創造，人皆有

欲望想要經驗很多美好的事物，人是沒有辦法控制自己的欲望，這裡談論的是基本的欲望與需要，不是貪心的欲求不滿。欲望是推動創造力展現的動力，欲望的滿足感或是成功的感覺都是心理層面的意義。而且每個人的欲望各有不同，無法忍受隱瞞自己的欲望。唯有自己最清楚自己的欲望。壓抑或自我欺騙這些欲望的存在，會將這些欲望扭曲成其他的想法，最後依然一定會有破口出現，可能會失去生命中很多的經驗。

　　這裡沒有要輕視或是貶低窮人的意思，富有或貧窮都有一樣的基本的尊嚴。這裡只是要探討真正的「富有的經驗」是世上少之又少的正常現象，為什麼會是只有少數人可以經驗到真正的富裕呢？

　　而富裕是人類生而平等可以追求的權利，追求更好更多的生活品質，從來都是金錢的正向力量，是可以像呼吸新鮮空氣一樣的輕鬆自由的生命歷程。有錢是可愛可貴的經驗，可以滿足物質欲望，並且換來精神糧食。有錢絕對不是罪惡，有錢是創造力展現的必然產物，創造力越多越是驚人的成長，金錢必然會隨之而來，這就是說專注於自己的想法在——想要創造的事物上，金錢是必然的產物。

　　擁有金錢是不可能「抵觸」他人同時擁有金錢，

因為這個世界的資源是無限的商機，任何人覺得自己如果有錢的話，好像會「掠奪」到別人——這個想法，這是高估了自己、低估別人的想法。除非以不法手段、不正當方式的人，才可能是違背良心犯錯，但是他們通常不會良心不安，如果會良心不安就不可能會這樣去做。每個人都可以發揮自己的創造力，這是與生俱來的能力，遵循正知正道實踐自己的夢想。

　　所以，是否是富有的有錢人？這是做人需要學會的事，心理上的富裕是需要透過金錢來滋養，絕對是需要擁有很多的金錢才足以餵養身心的欲望與需要，如何成為富有的有錢人？這是成功的象徵，否則只是富有的窮人——擁有比較多錢的窮人。

第一章
當責致富先知

先知先覺者
後知後覺者
不知不覺者

> 　　從來沒有一個富有的人，是對自己的
> 生命及生活棄之不顧。
> 　　當責致富先知——會預先籌劃、打理
> 好自己與家人一輩子的生活品質。

　　未雨綢繆，就是先知的心態，他們不是基於匱乏的恐懼心理，而是事先準備好才能無後顧之憂往前邁進，當然要把自己的生命照顧好，自己就是當然的責任者——包括身心健康與提升心靈之美。生命是一場學習之旅，最重要的學習就是「當責致富先知」，因為從出生的那一刻起，生命——生存以及所有一切的學習都離不開——金錢從那裡來？金錢的使用與金錢

的價值觀。「金錢的使用」，這是如何用金錢來滿足自己的需要，進而滿足欲望。「金錢的價值觀」，這是如何決定優先順序使用金錢。而金錢從那裡來？「選擇」做對的事，「正確」的方式做對的事，有決心毅力與勇氣一直做下去……。

　　當責致富先知，先決定自己要過什麼樣的人生？先承擔起來自己要成為什麼樣的人，過什麼樣的生活，成就自己什麼樣的生命。這是先有藍圖，然後才能行動。

　　首先要先明確自己的目標在那裡？先知先覺者，絕對不會先懷疑自己是否有能力？是否有機會？是否可以達標？換句話說就是「我想要什麼？」我的理想是什麼？這就是關鍵所在，重視自己的理想，然後採取行動滿足自己的欲望需求，這是天經地義的事，如果不去做自己理想欲求的事，那就是本末倒置、顛倒因果。所以，我想要的生命，想成就的生命是什麼呢？一旦確定之後，接下來就是創造力的展現，財富只是自然的產物，接下來，最後所得到的金錢就是依據「金錢的使用」——滿足身心欲望與需要，與依據

「金錢的價值觀」在作決定而已——買這個？或是那個？花這個或那個？這是先知先覺者，有正確的因果觀念，「先決定要什麼結果，然後創造結那個果的因」。對於自己想要的結果成為「當責者」，當然要成為創造那個果的「創造者」，這就是當責致富先知。

後知後覺者，是先俱備足夠的能力與一切，再去想自己想要的，才能往自己的目標前進，換句話說就是，準備好之後再創造結果。

很多的人不敢「大膽的」去想自己的夢想，只敢想「等我退休之後」、「等我有錢之後」、「等我有時間、有能力之後」，等待一切俱足，因為受限於當下的能力、財力、時間不足，而不敢去面對自己內心的欲望或是需求，就算哪天俱足一切的「因」了，可是未必能創造出「結果」來？為什麼呢？因為他所準備好的「因」，未必創造出來「結果」，經過了「時間」這個因素之後，那個果還是當初所想要的嗎？那個內在的欲望還在嗎？還有，如果那個結果還是自己

想要的，經過辛辛苦苦的等待時間，已經在心理上留下苦勞的感受，對結果的滿足度一定打折扣，甚至是互相抵銷了。我並不否認這個付出與得到的價值所在，而是苦受多於樂受，時間的等待就是在苦受苦惱，在這個漫長「等待的」時間裡，心理的煎熬壓力，可以說是既辛苦又無趣，這是受苦受害的過程。為了未來某某想要的結果，現在因為沒有什麼什麼……，所以要忍耐，所以要節衣縮食，所以要努力……，這是多數人會這麼想的，這類後知後覺者，因為專注在「我現在沒有什麼什麼……」的事上，注意力是放在「我沒有」的欠缺的因上。先知先覺者，注意力是專注在未來「我想要的理想」這個結果上，儘管未來的理想還沒有到，可是當下是篤定的，並承擔自己的未來藍圖是我要的，這是主動積極的態度，一切都聚焦在一個篤定想要的結果上，兩者的心態，是因為專注點不同而有截然相反的心態。

不知不覺者，一切都隨波逐流，生命百般無奈啊！歸咎於任何因素，命運，機緣，環境，所有的一切生命經驗，都跟我無關，就算有關，我也沒有辦法，就這樣吧！

　　為什麼會變成沒有什麼錢、沒有什麼資源的窮人呢？「習慣性的思考」所使然，這個社會不盡完善，但也不是一無是處，如果沒有形成社會的組織，有個政府以及民間的商業、公益組織，人類更難有更好的生活環境，當然，可以有更好更有效的品質，這個目標是值得去努力改善的地方。透過先知者起而領導，會創造提昇人民的生活品質，只要跟進跟隨那些已經創造成功的先知者，一切都可能改變的。重點是：有很多人「眼見為憑」，看到他人成功而且可以接受他人的成功經驗，但是不能相信自己可以做到。像這類無知的人，看到了還是不能相信，只有等著，慢慢等待他們的緣份成熟，還是有人有本事可以影響到他們，因為每個人都具有淨化成長的動能，只待機緣成熟罷了。

　　習慣性思考什麼，就會看到在所思考的事物上，

慢慢茁壯成長，因爲同樣的思維反覆在訴說的時候，同時也是反覆思考，而且會在人的大腦結構中，形成強而有力的烙痕，一道道的烙痕形成，變成應對外在世界直接反應的自動機制，那麼思考的能力就是來自於這些一道道的烙痕，這就是「習慣性的思考」。而「創造性的思考」方式，是指可以跳脫這些「習慣性的思考」方式，不再依循自動反應機制去思考、去直接應對外在世界的人事物――包括關係、金錢，所有的事情。

第二章

當責致富思維——創造性思考

金錢交換的價值

金錢的源頭

沒有所謂的「浪費金錢」

「花錢」貢獻社會繁榮

金錢無害，心態決定創造多少

多花錢是無害行為，自我批判是有害思想

應該很有錢，豐盛的本質

沒有「亂花錢」，只有「衝動」購物

沒有錢，是匱乏思考的結果

很有錢，是創造思維的結果

想要擁有多少錢，個人的決定

分享金錢，只是單純的分享

> 以物易物，以錢易物，金錢的價值：
> 可以交換很多你想要的東西，你想要的經
> 驗。

金錢，就是可以交換的、中性的、流通性的、方便的工具，這就是金錢的定義。它最大的價值所在就是「交換」的功能。如果是單純的心態喜歡錢，那麼錢的可愛之處，就是可以交換很多想要的「東西」，而能「經驗」到這些東西背後所帶來的感受。所以認真的態度來看待「金錢」，人們喜歡的它的原因是因為它可以交換並且得到欲望需要的滿足，不是喜歡「金錢」它本身。

> 金錢從何而來呢？人類本身的創造力
> 而來的。

沒有「金錢」的時代，人類的創造力沒有發展出來，只能以物易物。開始有貨幣之後，豐富了生命經驗——因為可以交換很多很好的經驗。由此可見，「金錢」這個物質的東西，不只是能用來滿足身心所

需要，還能更方便的拓展更多的經驗，除了豐富生命，更有意義的是可以學習更多事物的機會，在學習的過程就是成長。擁有很多錢，眞的很好，可以換來豐富，可以經驗有意義的活動。

相較於以物易物時代，那是有限的經驗，由此又證明一件重要的事，人類的成長進化是透過有金錢時代而突飛猛進，「金錢」年代象徵是豐富的時代。「金錢」是幫助人們成長的工具。

「金錢」並沒有人們想像中的——擁有金錢可以免於恐懼，因爲「金錢」是工具，而安全感是來自於篤定自己內在的力量——可以創造出自己所需的一切。一個有能力獨處的人，就是屢屢克服恐懼的人。不相信的話，叫一個心理恐懼很大的人抱著一大堆錢，試試看恐懼會減少嗎？絕對不會。「金錢」是「創造力」創造出來的東西，如果深信自己有創造力——這是源頭，而金錢是創造力的產物——這是結果。所以，有創造力就會有金錢，沒有創造力就不會有金錢，不相信不篤定自己有創造力，就會落入沒有安全感。「金錢」本身不是安全感的源頭，金錢是「身外之物」——自身以外的東西，是工具。怎麼可能拿一個東西、一個工具讓一個人沒有恐懼害怕呢？

變身為自己的大老闆
量子能量意識大躍進

> 沒有所謂的「浪費金錢」，是浪費金錢所交換來的物品，所以是「浪費物品」。

如果你一直持續著無限的創造力，表示可以創造很多很多的金錢，你可以一直持續交換很多東西，即使所換來的東西，你不喜歡了或者沒有用它，一來你可以一直貢獻金錢給商家，二來即使你不喜歡了或者沒有用它，你可以把它們送給需要的人，怎麼會是浪費金錢呢？你既然不需要它了，而你留著不用，是「浪費那個物品」，不是「浪費金錢」，因為金錢是工具，用來換那個物品，工具的目的已經達成了，怎麼可以說浪費工具，是浪費物品。

> 「花錢」貢獻社會繁榮，活絡經濟發展。

花錢固然是換成自己想要的東西，同時也是貢獻社會繁榮，創造經濟發展，這是有價值的活動。任何人都應該以此心態來看待金錢的正向力量，這是利己利人的思維，「金錢」就是流動的工具，需要讓更多

的金錢流來流去，活絡經濟發展，整個社會共同獲利。

金錢無害，心態決定創造多少。

金錢本身就是需要創造力去創造出來的東西，愛創造多少就創造多少，是由個人決定創造多少，既然是個人創造力的展現，無須比較多少，更沒有設限創造多少，這個世界是如此豐富，任由每個人自由發揮自己的創造力，唯有自己的心態會限制自己的創造力。金錢，由個人心態決定創造多少，沒有道德制約的問題，也沒有多少好壞的分別，更沒有擁有多的人需要對擁有少的人感覺歉意，因為是創造力彰顯的結果，自己創造力的展現，怎麼可能障礙他人創造力的展現？與他人根本沒有任何的牽連，只有跟自己的心態有關而已。

多花錢是無害行為，批判自己是有害思想。

上面已經論述，花錢是貢獻社會繁榮，怎麼會是有害於社會呢？就算「多」花錢，也是「多」貢獻社會，更是「多」繁榮經濟啊！是自己批判自己「多」花錢，而有罪惡感，事實上「多花錢無害」，是「批判」這個思想——批判性思考，在譴責自己這個行為有錯，跟金錢本身無關。如果單純從「批判花錢」這個行為來看，無論是批判自己花錢或是批判他人花錢，都是「批判」這個價值評斷的作用力——這個作用力對自己或對他人會產生殺傷力。錯誤的思想需要調整，如果已經是錯誤的行為要付出代價。批判是思想，花錢是行為，調整批判思想為創造性思想，而「多付出的錢」就是付出代價了。如果付出代價而依然沒有從中改變什麼行為，這個多花錢的行為勢必會累積起來，有可能發生無法收拾的局面，那麼批判的作用力就成功了，果然自己殺傷了自己。

　　應該很有錢，豐盛的本質。

　　人人應該都很有錢，因為人人都有無限的存在——真心，這是創造力的源頭。人人平等的意思就是指人人各自有各自的真心，而真心都具有豐盛的品質與

潛藏無限的力量，只是各自發揮出來的程度不同而已。基於創造力創造金錢的原則，而創造力是什麼呢，創造力是思想在思考過程之後產生的力量，由此可知，有什麼樣的思維方式會產生金錢這個結果呢？由此證明：「有錢人想的和其他人都不一樣」，先有致富思想，才能創造金錢。

致富思維，是有錢人致富的原則所在，「致富」——絕對不是念茲在茲在「錢、錢、錢……。」想錢不會得到錢，如果是這樣，每個人只要一天到晚在家想著錢就好了？這是錯誤的認知。致富思維是對於金錢與財富有正確的致富思維，有正向的思考能力。如果落入負向的思考，像是對「金錢」有負面的標籤，那麼無疑是對中性的「金錢」，賦予它是負向的東西，這不符合致富思維的創造性思考。

沒有「亂花錢」，只有「衝動」購物。

欲望不等於衝動，欲望是人性裡人皆有之的身心的需要與欲求，人性裡有向上成長的欲望，這才是合乎人類成長的動能。而衝動是直接式的情緒反應，理性也控制不住的習慣性思考，所以才會衝動，暴衝。

當衝動式購物或是衝動式做些什麼事時，這種情境任誰也擋不住啊！所謂亂花錢，重點不在於「亂」，是對於「花錢」這件行為有掛礙，或是有譴責。通常很多「花錢的行為」是未經自己的理性允許，分析不完也思考不了，因為頭腦沒有建立致富思維，而依循自己習慣性的思考——會在原本的思想模式裡打轉，所以才會陷入「分析、思考」皆起不了作用。

沒有錢，是匱乏思考的結果。

沒有錢，這是呈現「結果」的現象——結的果實就是「沒有錢」。通常人們是「倒果為因」——認為沒有錢是原因，所以一直會想破頭，想要從「金錢」上著手，緊抱著金錢斤斤計較，而陷入生活窘境。長期下來，這種捉襟見肘的生活方式會變成習慣，所有的思考方式都基於匱乏而思考，匱乏感越來越多。

沒有錢這個結果，要從根本上去思考——什麼原因造成現在「沒有錢」這個結果呢？往原因去找答案才是根本解決之道，若是創造力創造金錢，那麼可以思考如何發展更多的創造力？還有，有什麼樣的思維在限制創造力的發展呢？或是自我設限自己的創造

力，這些匱乏的思考模式啓動了——「沒有錢」的結果。

匱乏思考模式，久而久之就陷入匱乏的情緒裡，變成一種匱乏的習慣性思考。從此以後就是受限在這個思維模式裡面，怎麼可能有創造力創造金錢呢？所以，是匱乏的思考而造就了「沒有錢」這個結果。

很有錢，是創造性思維的結果。

很有錢，是創造力的結果，是不想受限於「能力、時間、環境、資源」等等的限制，想要挑戰自己的極限，不想妥協當一個「只能這樣」的人，這個不妥協的態度就是決定了未來的方向。對待世間的事，都會朝向「可能性」去思考，這個冒險精神開創了更大更多的視野，沒有不可能的事，只有願不願去思考，「凡事皆有可能」的想法就是創造性思維，這個世界真的是無奇不有，「什麼樣的思想造就什麼樣的心態」，建立創造性思維才能創造很有錢。

想要擁有多少錢，個人的決定。

　　金錢是個人的創造，想要獲得多少錢，或是沒有
想過要獲得多少錢，「結果」所顯示的就是代表個人
的創造力。無須競爭比較，「競爭比較」表示在爭取
有限的資源，創造力是無限的可能性，世界的資源也
是無比豐富，各自努力發展自己的創造力，而不是在
競爭，掠奪不可取，這是需要學習放掉的想法。

　　擁有多少錢，也不是值得比較或炫耀的，這是自
由意志的展現。最重要的是從過程中成長了多少，看
見自己的不足而能夠鍛練自己多少，成長是成功的重
要指標。

分享金錢，只是單純的分享。

　　分享自己有的東西，包括金錢，自己沒有的東西
如何分享呢？所以，自己有錢或是沒有很多錢，都可
以分享，那怕只是小小的金額，都可以與人分享，沒
有目的的行為――分享。如果做善事也是無為而為，
那也是分享自己的時間、創造力、或是任何的東西、

金錢。分享也沒有「我高他低」——分享的施者，接受的受者，彼此一樣的。雙方皆需要心存感謝，因為有布施者沒有接受者，也成就不了分享。分享，享受單純的連結在一起。

第三章

豐富、不餘匱乏的能力

富裕與匱乏
專注於思考財富
侷限於有限金錢

　　累積無數的金錢，一直持續有「累積的能力」而成為「富有的人」。

　　無法累積金錢而實際擁有財富的人成為「貧窮的人」。

　　專注於思考財富，聚焦在財富的管理機制裡，富有的人成為「極端富有」。

　　侷限於有限的金錢裡，循環「支出大於收入」，計較金錢來來去去的機制裡，貧窮的人成為匱乏的窮人，「極度貧窮」。

　　累積無數的金錢，無論是以任何的面貌呈現——

不動產、有價證券、資產、現金等等，這些都可以是靠個人的能力努力工作而得到，稱之為財富。

有工作的能力就有收入——金錢，一直有工作能力就會一直有收入，問題是「入不敷出」——要不就是「能力」出了問題，或是沒有發揮創造力，要不然就是支出出了問題，嚴重的情況是「能力」與「支出」同時出了問題。這些狀況的根源依舊是回到創造力的問題上，全然發展出來的創造力，必然會創造很多滿滿的金錢。

有累積金錢的能力，一直持續「累積」並善用「理財」的能力就會有——財富。光是累積金錢而不去「理錢」，金錢就只是擺在那裡的一堆錢而已，不會成長更多。需要有理財的能力，熟練商業知識，將金錢投入可以保值保本的地方，

專注於思考財富。

擁有很多的金錢，並且善用金錢投入企業經營，企業經營的目的必然是要有利潤，否則如何付工資、付材料、付稅金、付一切營運的費用？基於經營的道德，有足夠的營業收入，支付所有的費用之後，需要

有營業淨利。當企業經營者，勢必要承擔這個責任，所有的心力必然專注於創造業績量，有業績量才能持續經營，不只要有業績量，還要研究創新、創意、創造獨有的市場佔有率，這一切不就是要「持續」成長，持續「維持」企業，甚至有利潤持續投入設備、技術、購買廠房辦公室，這些步驟都是在創造財富的過程。從金錢收入，累積無數金錢，將金錢投入設備、廠房、辦公室等等，這些就是專注於思考財富，管理經營企業就是累積財富的過程。多數人不會在開創事業時就專注於財富，但是有些經營者，從一開始就想要一直拓展再拓展……，從上面的過程來看，表面是為了維持企業持續經營，而實際是專注思考財富，這表面及實際，兩者是相輔相成的，簡單來說「1-為了經營為了養活員工，所以必須有利潤；2-為了有更多利潤雇用更多的人，拓展更多的業務；3-有了更多的業務也有更多的利潤，所以又拓展更多的業務……」。如此這般重複循環 1、2、3……。如果企業僅僅在第一步就停止，不往 2、3……運作，那麼金錢的成長是有限的。這些 1、2、3……1、2、3……的循環運作過程，難道不是專注於思考利潤嗎？表面上名正言順思考企業的利潤，實際上就是專注於思考財富——擁有更多金錢的能力同時也在理

財——投資更多的同時也是在創造更多累積金錢的能力，而管理更多的財富同時也在累積更多的財富，最後成爲極端富有者。

注意力聚焦在思考財富，富有的人越來越富有，富裕吸引富裕。

這是物理學家發現的引力法則，很簡單的道理，卻只有少數的人實踐這個原理。不是每個人都可以成爲巨富，因爲不是每個人都有「承擔當巨富」的能力。承擔當巨富，他們絕對不是超人或是智商特別好，是培養出來的——長期累積聚焦在思考財富——這個能力，他們不是天生就是這方面的成功者，都是歷練豐富的失敗經驗，一步一步行動，一點一滴累積成長的果實，而且始終如一專注於工作，他們的工作是熱衷於 1-思考財富。2-累積財富。3-投資管理財富——深層意識運作的模式。而表面意識運作的是1-思考企業經營。2-拓展企業版圖。3-投資管理眾多企業。

> 侷限於有限金錢。

　　從工作而來的金錢收入，需要支配基本生活所需，多數的人是「花光光」，甚至預支未來的收入——借貸金錢過日子。如果這個現象是過渡時期，無論是為了任何理由都是可以接受的。如果長久下來一直沒有改變，一定是在匱乏中持續匱乏，久而久之變成習慣性匱乏。任何思考一定會在「有限的金錢」，「錢不夠花」中打轉，好像做任何事都會侷限在「金錢」上——錢不夠用，寸步難行。這個現象是因為能力不足，所以才沒有足夠的金錢收入嗎？通常人們根本不知道自己的能力不足，也不可能承認自己能力不足，所以會在工作上一直不順利，或是在某個階層上卡住了。

　　有多少能力就有多少金錢收入，「一分耕耘一分收穫」是錯誤的觀念，應該是「一分能力一分收入」才對。人們會以為「有在做事，就是耕耘」，在做事時——如果：1-專業技術不夠。2-沒有工作態度。3-無腦沒用心。4-業績不足。5-壓力很大，如果……，這就是「能力不足」加上「懶惰十足」。前面

1+2+3+4=能力不足。後面 4+5=懶惰十足。業績不足，有可能是能力和懶惰兩者皆有關係。沒有能力是會有壓力——是懶惰作祟才是最大的壓力來源，也是最難克服的障礙。由此可見，工作所得如果不足以應付生活所需，能力不足加上懶惰十足，這就是為什麼入不敷出的原因之一。接下來，如果沒有「能力不足加懶惰十足」，就是沒有發展創造力——創造兼職的事情，這就是入不敷出的原因之二。最後，如果明知有多少收入，還不知道量入為出，那麼入不敷出必然發生，這就是失控——控制不了花錢的欲望。「能力不足，十分懶惰，沒有創造力，控制不了花錢的欲望……」這些主要的原因創造了一直在「追著錢」的窘境，因為錢不夠才需要追錢。

因為「錢不夠」的缺乏，持續過著追錢的日子，匱乏更加匱乏——極端貧窮。

很難相信有很多人「甘願於貧窮」，如果真的不甘願，不就是會想辦法解決自己的貧窮生活？也有很多人因為種種因素導致借貸金錢過日子，但是最終還是有能力償還債務重新開始，這是什麼原因呢？內在

的動力是來自於想要「擺脫」缺錢，不甘願於貧窮。有千百種理由可以解釋貧窮的問題，最重要的是人們不知不覺一直關注自己欠缺的，久而久之變成匱乏心態，匱乏吸引匱乏。

　　注意力集中在富裕，富裕更多了，注意力集中在匱乏，匱乏擴大了。這是很驚人的事實，就算傾盡天下的財富分配給貧窮的人，可能改善了窮人的生活品質，但是他們心裡面的匱乏感並不會全然消失不見，這是窮人需要學習成長的機會，就像富人在成為富人的過程也是在學習成長進步，窮人富人都有各自需要學會的事情，這是公平的，各有不同的學習課題啊！

第四章

金錢人人愛？

愛財如命

厭財如糞

守財奴

散財童子

真的愛錢嗎？

> 金錢是人類的世界才有的產物，金錢
> 本身沒有問題，是每個人各自的心態投射
> 在這個世界——從自己的心態來看待金錢，
> 各自有學習的地方。

金錢，只有在地球，在這一輩子，在需要的時刻，在有用處的狀況，它才能有用，這是人類共同約定的產品，所以任何人都一樣——對它的存在，不是恆常駐我心的，就像世界的任何其他產品，沒有一個

可以恆久喜歡的。所以，人的一生裡當有需要它的時候，它就能爲我所用，而且愛用多少就有多少，一生都有用不完的錢。當其他人有其需要的必要性，如果我能分享它，那很好，因爲這也是對這個世界有奉獻的方式之一。

怎麼可能把金錢和生命劃上等號呢？視錢如命、愛財如命，這是把金錢看成像是自己的生命這麼珍貴、值得珍惜，「生命誠可貴、自由價更高」，金錢如果換不到自由時，金錢一點也不值啊！

但是，有人卻自命清高，視錢如糞土啊！這是怎樣的心態呢？仇恨情緒罷了。金錢跟你無冤無仇啊，莫把金錢當臭錢，它既不香也不臭啊！它只是紙鈔貨幣，需要透過它來維持生活，供應身體的成長。

有錢好辦事，是指它是人人認證的好東西，可以做到很多事，如果將它死死的守住，不允許它自然自由的流通，生命枯竭了守著它一點意義也沒有啊！

有人到處揮霍它，灑錢像是灑水般的自在快樂，若是要經驗金錢帶來的力量，如果是有錢人，這倒也無妨，只要開心就好啦。可是，如果任意灑錢是有爲而爲——要得到存在感、他人的羨慕眼神或虛榮感，這是徒增傲慢罷了！

愛錢就像是愛人一樣，當你爲了表達對他人的愛

意，送上錢等同送給他愛啊！這是單純的示愛付出愛，唯有單純的心會是如此想。若有不正的意圖，送上錢等同買通他啊！心存善念，送錢如同送愛，心存惡念，送錢如同作惡。

第五章

金錢與形象

> 有錢人不是寫在臉上，但是窮人會刻在臉上。

　　很多有錢人，通常會讓很多人都認不出來他是有錢人，可是呢，乞丐流浪漢一眼望去就知道他是誰？沒有所謂的有錢人的形象是如何如何……，但是窮人的形象卻是鮮明的印象。為什麼有錢人會隱藏起來他的富？而窮人卻是赤裸裸地展現他的窮？「財富不欲人知，貧窮昭告天下」，甚至有些有錢人低調到不行，而窮人卻大辣辣的喊窮喊不停。

　　形於色的氣質與能量，窮人們是由裡到外展露無遺，沒有什麼遮掩的，「沒有就是沒有，身心疲憊乾枯」，在這裡，沒有任何一絲絲的輕視，純粹就能量上來解讀就是匱乏而已，任何的分析「窮相」都是表面看到的，最重要的是他們的思想運作的模式是什麼

呢？連他們自己都一無所知，需要學習什麼成長什麼？

　　有錢人無須明擺有錢，某些人例外，多數的人只是在過著平凡的生活，但是形於外的形象，可以解讀是「能量滿滿，福相十足」。重點是知足常樂或是欲求不滿，依然是可以感受到他們的心理狀態是什麼。

　　形象跟思想有關連的是──思想是彰顯於外的具象結果。

　　人類的思想是無比珍貴的創造物，唯有生為人才能夠透經過正確的思考，運作邏輯推理組織等等的創造過程發展於外在的世界，從受教育開始就是在訓練一個人的思考創造能力，而實踐在生活及工作上。有錢人可能不必有很高的學歷，但是一定有將思考創造能力發揮出來，應用於各行各業，因為有思考的能量才能釋放於外，其實不必刻意炫富，已經在他的言行舉止流露無疑，因為其內在的思考模式會反應在所有的日常相關的活動上──為什麼會低調？為什麼會勤勞工作？為什麼會簡樸風格？為什麼會樂善好施？為什麼會長期專注於相同的工作？為什麼對人生的態度

是積極向上？爲什麼會勤於吸收新知？爲什麼會應變能力快又好？爲什麼會信守承諾？爲什麼會與人爲善？爲什麼學習能力強又快速？爲什麼執行力很強？……，可以列上好多好多，這些這麼多「爲什麼……的現象」就是思考之後的現象，所以他們的思維模式就是創造這麼多爲什麼……的原因或原則，這些「創造性思考」就是其形象的源頭。

第六章

金錢與自由

　　沒有錢沒有自由——因為沒有錢，沒
有辦法隨心所欲、為所欲為，放手一搏。
　　沒有錢而有自由——因為沒有錢，而
可以大膽的做，因為沒有金錢可以損失。

　　有沒有金錢，那是一種心態的問題，心理上是覺
得「有金錢」才能自由自在做自己想做的事，所以
「沒有錢」會造成心裡的負擔與壓力。心理上覺得
「沒有錢」反正沒有什麼錢可以失去的，想辦法創
造、籌到錢就可以投入了，「此時不做，更待何時
呢？」這是放手一博，就算損失也就算了。所以有沒
有金錢，造成自己心理上是加分或是減分呢？如果那
件事的價值，是心理認可並有價值的，那麼，沒有錢
還是選擇去創造，這是有助於正向加分的思考。如果
那件事的價值，是有所懷疑或是不明確的，那麼，沒

有錢就沒有辦法自由自在去做，這是有負向減分的思考。

　　任何的思考活動，會有不同的面相，取決於個人在「金錢」上能否承擔後果，為了渴望做的事，比較能夠承擔可能損失金錢或是減少金錢。而每個人能夠承擔「損失金錢」的負荷量是不同的，沒有錢沒有自由，或是沒有錢而有自由——那只是減分或是加分思考而已，真正的原因是：每個人「承擔損失或減少金錢」的負荷程度不同。看似有錢人比較能夠承擔失去金錢的負荷量，因為他們有比較多的金錢量，這是沒有絕對的關連，比較有直接關係的是跟心理底層的恐懼有關連。想要捉取住金錢，不想要失去金錢，表面理由是認定——不能白白浪費，實際上是牽連到內心的恐懼感，習慣性緊緊捉住錢不放，這是誤認：「有錢有安全感」「有錢就沒有恐懼」，才會一次又一次，無數次的將此想法透過每次碰到金錢時自動連線，久而久之這個想法越來越深厚，最後形成牢不可破的信念系統，從虛妄不實的想法一次又一次累積成像是真實的，即使已經形成信念系統，它還是妄想，變成很堅固的妄想。「有恐懼就沒有愛」，當內心失去與愛的連結，就會落入虛妄的黑暗——恐懼。

真正的自由是——活在愛的當下，有愛一切無礙，沒有愛處處有障礙。

　　愛在每個人心裡，無論有錢沒有錢，人人皆是愛的存在體，世界上最幸運的有錢人，不是擁有最多財富的排行榜榜首，是已經經驗到自己就是愛的源頭，可以自由自在創造金錢，不爲金錢所困的富裕的有錢人。就算是全世界首富，但是沒有經驗到自己是愛與豐富的存在，終究還是有錢的窮人吧了！

第七章

金錢與權力

　　有錢，這是指金錢有用到而且用在正確的的地方，會產生正向的影響力。

　　如果有錢，沒有用對、沒有用在正確的地方，可能會是殺傷力。

　　好比刀子，可以是一體兩面的作用力，切割東西或是用來殺傷他人，使用者需要有判斷的能力。金錢，也是工具，很好用的工具，同時也是可以被用來當作傷天害理的報酬，為了錢而鋌而走險。「金錢像是萬能，無所不能」，錯了，如果為了錢而作出違背良心的事，再多的金錢也換不回「後悔」，在「死亡」的面前，即使是家財萬貫，也換不回「生命」。這是簡單易懂的道理，偏偏很多人依然把金錢奉為無上的權力象徵，「有錢能使鬼推磨」，連鬼都能為人

/

推磨，這種比喻說的誇張卻是指出貪婪的習性——閻羅王為了利益而亂捉人來頂替該死的人。所以自古至今有多少人是「人為財死鳥為食亡」？

　　金錢不等於權力，若是擁有金錢而自以為可以為所欲為，這是錯誤的認知，若想要用金錢買個位階，用金錢打通人脈關係，用金錢買來便宜行事，用金錢圖謀私利……，這些伎倆無論行的通或行不通，有此意念已是貪求，也許並無違法之實，卻已經有貪求之念，成就了貪之事實。

　　金錢可以用來造福人類的生活，提昇生活品質，任何人都在貢獻金錢促進經濟繁榮發展，任何人都有購買任何商品的的權力，有能力購買者同時也有權力有合理合法的要求。除此之外，金錢不能具備其它的實質的權力。有錢人的話語權也並代表有實質的影響力。

　　一旦金錢與權力者掛勾，濫用誤用權力，腐敗的現象必然影響人們的福祉。

　　官商勾結，貪污腐化的事層出不窮，社會進步需要有民主自由法治的基礎，斷絕傷害人民福祉的同

時，絕大多數人需要學習民主的眞諦，共同維護社會的進步。民主自由的社會，需要全體人民一起提昇能力，才能監督政府的機制運作良好，同時政府的存在也更能服務人民的需要。

第八章

欲望創造金錢

　　欲望之心，可以創造向上的成長，而金錢是創造過程的結果。

　　創造力是無法限制的能力，只要一旦有人有些需要，緊接著就會有人「從無到有」創造出來相應的產品，服務人們的生活需求或是滿足人們的欲望。這是多麼幸福的感受，人們一直在經驗更好更方便更豐富的生活環境。生為人類，沒有什麼理由不往上提升，但是競爭力卻也沒有辦法停止下來，全球競爭激烈，已經不分國界了。良性良好的競爭關係，會帶動更多的創新、創意，但是惡性不良的競爭，卻帶來不幸、災難，世界很難攜手合作帶來全球的進化。如果那一天，突然之間全世界都像是作夢一般，從夢中醒來──覺醒。那會是多麼美好的未來，不可思議的境界。

　　金錢是用來服務生命的成長，生命之旅就是學習

之旅，任何人，那怕是世界首富或是任何政治首長，這些代表有錢有勢的人，依然是來學習成長，每一個人無一例外，都有相同的生命目的——各人在不同的領域與位置，互相服務彼此的成長。從創造金錢的過程，不斷的學習「提起、放下」，「得到、失去」，「獲利、損失」……，這些心理上的適應能力，正是成長的機會。

　　無限可能的創造力，從科技的發展來看未來趨勢，一切都有可能，社會是集合眾人的創造能量，而個別的思考創造，是與整個社會整個世界互通有無，因為整個世界最底層就是流動的量子能量，速度超過光速的速度，所以任何人從自己的頭腦所直接浮現的意念、點子、靈感、新發現……，這些很有可能是從這個世界所流動的量子能量而來，剛好你從你的意識中捕捉住而已。所以創造力是整體中一起發展出來的，在地球的一方有人提出某個創意，很有可能在地球的另一端同時有人提出相同的概念，無法分辨誰是原創者。這是告訴地球的人們，互相呼應、互相分享、互相交流，甚至互相扶持、合作。

第九章

財富的象徵

　　財富是靠創造、累積、理財投資而成就的果實。

　　任何人想要擁有財富，一定要按步就班，步步為營。

　　除了繼承家業之外，一個人可以「從零開始到有」，「從有到豐富」，這意味著財富是可以靠自己的創造思考而獲得的果實。果實雖好雖美，但是過程中「唯人飲水冷暖自知」，通常是成功之後往回頭去看看，才能知道當時做了什麼是正確的？什麼是不正確的？在當下，真的是步步難行步步行，步步為營，那個環節做了關鍵的決定，事後才能印證是否是正確的方向。創造力是持續變動的動能，絕非固定不動的狀態，所以在創造過程也是不斷地──「轉個念想，

轉過彎做」，保持彈性調整，從初發想到完成任務，需要經過無數次的修正。

　　財富是靠努力工作而得到的果實，真正享受的過程應該是超越困難的成就感與成長的喜悅，成功是屬於心理的蛻變成長，而財富象徵的是獎勵、獎賞品。「做的好！你做到了」是對自己的肯定。企業累積多少財富，在這個層次上的財富，象徵著「共生共榮」的成果，屬於所有企業組織成員的成功，歸屬於整體的榮耀。

　　　　共創財富的榮景，共享財富與成功。

　　個人打拚努力，固然是成功的主要因素，但是參與的每一個人都是不可或缺的存在，沒有形成一個團體是很難完成「累積財富」的目標，這是共創財富共享財富的象徵，任何參與者都是成功的一分子，任何的角色都是重要的。繁榮組織，是每個成員的共同利益，唯有如此才能夠共享財富與成功。

第十章

致富思維思考

工作

> 困難是挑戰，不是障礙。挑戰是激發
> 生存的潛能，挑戰是自我成就。

　　如果困難是障礙，表示有個無形的「障礙物」存在，心理會預設要穿越障礙物，這是「自我預設的障礙物」，有可能是――時間的因素，某些人的因素，資源的因素，金錢的因素……，總之就是沒有想過是自己的懶惰在阻撓。

　　困難是挑戰，表示可能要「無中生有」，這是創造性的思想――挑戰未知，如果是已知的事無須擔心什麼，一切都可以在掌握之中。挑戰未知，就是學習的樂趣，成長必需要的過程，不斷地挑戰未知，當未知變成已知時，就是成就自己。

想的是工作的事——不是想著賺多少錢，而人們總是：用想著賺錢的心在工作。

「正確的工作態度」是種下致富的因，「錯誤的工作態度」是種下賺不到錢的因。

在工作時，要想著如何利他，利他不是免費，是提供有價值的商品或服務，讓買方付出代價，而且是物超所值，這是利他思維。有消費能力，購買任何商品，促進社會經濟繁榮，這是利他思維。做善事捐款，支持任何團體，這是利他思維。

不用羨慕有錢人，因為他是他，你是你，你不可能是他，你也學不了他。不用輕視窮人，貧窮的人，要改變他們的思想何其困難，但是，這是淨化的唯一機會——擺脫環境的考驗。

發揮個人獨一無二的特質，發揮個人的專長、做好「喜歡的事」。如果不是喜歡的事，有沒有可能培養成「喜歡做」你所做的事，這就是個人的致富之道。

不面對困難，不想挑戰，是因為懶惰。不想承認錯誤，重要的原因也是懶惰，還有驕傲、自負。因為懶惰，不想要採取行動去改變現在的狀況，承認錯誤表示要採取行動改變，懶惰習性使然，所以死不認錯。因為懶惰，不想要動腦筋解決困難，所以不要面對困難，覺得很麻煩，甚至預設立場會如何如何……，總之就是「不要改變現狀」。懶惰的習性，是工作上最大的壓力來源。

　　「賺不到錢」，「賺的錢不夠」，「沒有錢」這是錯誤的陳述，正確的說法是「入不敷出」。而入不敷出可以從「開源節流」兩個方向來看，不想要開源，因為很懶惰，不想要多做點事。不想要節流，因為欲望很大，如果只能滿足生活所需，節流不了，那就是要想辦法開源，不想要開源，就是懶惰或是能力不足。

　　窮人，一直在重複做自己不喜歡、非做不可的工作，生活只剩下「抱怨」錢不夠多。有錢人，一直在重複做可以賺到錢的工作，生活是「抱怨」時間不夠多。真正富裕的人，一直在重複做自己喜歡、想要做的工作，生活是「富裕自足」。

致富思維——工作致富的關鍵。

　　生命就是從事有意義的工作，有益於人們，非有害於人們。藉由工作來創造生命的價值與意義，而金錢是工作的副產品。

　　工作是「投資、投入、投保」。

　　投資自己的腦——改變想法，不斷的挑戰困難，才能有成就感。

　　投入自己的心——全心投入，不斷的創新創意，保有新鮮刺激感。

　　投保一生的幸福——從工作中遇見自己——自我滿足。

　　工作是學習與成長的過程，如果不懂什麼叫做學習，或是抗拒學習，沒有學習的能力，那麼工作一定是苦差事。沒有成長的機會，那麼工作一定是無聊的苦差事。

致富思維——同樣都在工作，結果不同，為什麼？

有錢人，重複做可以賺到錢的事，靠的是自制力與紀律，理性思維並且專注在那些所做的事上，有能力延後享樂。

窮人，重複做不喜歡、非做不可的事，養成匱乏心態而不自知，迷失在即時行樂，欲求不滿的情緒，除了抱怨還是抱怨。

有錢人，隨時可以用金錢買到任何他喜愛、想要的商品或經驗。

窮人，隨時「衡量」價格多少，「受限」於價格而犧牲他想要的商品或是經驗，不斷累積匱乏意識，因為即時行樂的情緒而消費次要商品，同時也累積欲求不滿。

有錢人，擁有很多錢，也花很多錢，依然很有錢。

窮人，擁有很少錢，也花很少錢，一直沒有錢。

金錢

　　創造成功或財富是頭腦的認知，需要
與深層意識兩者和諧一致的立場，對於自
己內心世界所抱持的信念——關於成功或
是財富要保持理性的態度來思考。

　　金錢是滿足並豐富生命所需要的工具，擁有它，
使用它，分配它，讓它為你所用，你要用金錢來主導
自己的生活方式。

　　金錢是流動的能量，透過金錢創造個人想要的經
驗，才能彰顯金錢的價值與意義，如果金錢不流動，
沒有流進流出，那麼金錢就只是紙幣，或是存款簿上
的數字，沒有任何意義。

　　金錢就像愛一樣，不是用追求的，是展現創造力
的結果，如何發展偉大的創造力才是致富之道。

財富與成功就是內心世界往外延伸的結果，換言之，內心對財富或是成功，所抱持的態度與信念是什麼，就會如實反映在外在世界的現象是什麼。

如果還沒有經驗到自己想要的成功與財富，那麼必須要誠實面對自己內心真正的想法是什麼，改變自己的想法才能夠創造自己想要的結果。

金錢，很有用，但不是萬能。「想像」金錢跟「想像」愛情一樣，有異曲同工之妙，都會有不切實際的迷思，因為沒有深入瞭解金錢或是愛情到底是什麼？

如果金錢可以提昇生活品質，同時提昇生命的深度。是否會更用心更有意願深入了解金錢對生命的重要性呢？絕多數的人是「安於現狀」，維持現狀就好了，沒有運用思考能力去改變現狀，抱怨完了就像似解除壓力了，如果不去思考從根本上改變想法，終其一生就是追逐金錢，怎麼追，怎麼拚命工作，依然缺錢。

意識深層對於金錢的信念是什麼，會決定擁有多少的財富？在生命的早期從父母而來的，被他們所影響的金錢觀是什麼呢？這是意識深層所儲存的最基本的金錢意識型態，有可能是完全複製父母的想法，或是背道而馳，甚至是繼承他們互相矛盾的金錢觀而不自知。

　　如果從擁有金錢的多寡，這個結果來看，勢必是對金錢有不同的思考方式——「思考」金錢這件事，是生活中不知不覺重複在做的事。有錢人專注於創造金錢，窮人專注於沒有錢、缺乏錢，結果當然不同。專注於思考創造，結果是金錢來，專注於「沒有」錢，結果是金錢不來。「種什麼因，結什麼果」。

　　生命中重要的元素之一，金錢，是跟生活息息相關的東西，怎麼可以不去學習金錢的價值與使用，進而創造它來滿足生命所需呢？簡單而言，生存之道就是金錢之道。而金錢之道，就是創造之道。

愛

　　有滿滿的愛，有滿足感；感受不到愛，即使擁有家財萬貫，也無法滿足。

　　富裕的心，一定包括有愛、健康、自由，「愛」是無形的財富，比起有形的金錢，更難獲得，不是「愛」很稀有，是因為「愛」就在自身之內，而一般人都往外尋找，當然很難覓得自身之愛。

　　思考如何「經驗」到愛，而不是「得到」愛，因為愛是無形無相，只能靠經驗感覺到它的存在，不可能是用取得、得到它。因為愛不是物品可以交換來或是看到它，需要依靠敏銳、細膩的感覺能力才能真正感受到愛。

　　感受到愛是天生的本能，喪失了感覺能力就是喪失了感受愛、接受愛的能力。

　　如果生命缺少感受到愛的能力，那麼只能活出不完整的生命，這樣的生命狀態是貧窮中之貧窮，空

洞、匱乏，一無是處。

如果缺乏感覺愛的能力，生存的意義是什麼呢？即使是累積無數的財富，好比是住在豪華的宮殿裡面，享受應有盡有的物質享樂，其背後的生命是空虛、無意義的。

愛是隱藏於內心深處、與生俱來的情感，會恆久、不間斷的「存在」，每個人都是愛的存在——有無比威力的愛的力量。創造力的內涵就是有愛的力量，而男女之愛裡是含有情欲、性欲、佔有欲、爲我所用之私欲、滿足我的虛榮欲望……是純粹的愛裡摻夾著人性的自私與自大傲慢。

既然每個人都是愛的存在，何需向外求呢？男女之間，誤以爲「愛就是佔有」，彼此之間「我屬於你」、「你屬於我」——這就是愛。那是心裡上的「妄想」加「貪求」，誤認是「你是我的」、「我是你的」，我愛你、你愛我。認定你一定爲我所用，聽我的話就是愛我，不能爲我所用，不聽我的話，就是不愛我。反之亦然，認爲我愛你，所以我聽你的。這是佔有欲，不是愛。

將物資分享給缺乏的人，人們稱爲有愛心的人，事實上這樣的稱呼是不正確的認知，有能力將物質分享給需要的人，這是人性的情感關懷與交流活動，如果定義他們是有愛心的人，那不就是認爲沒有貢獻物資的人是沒有愛心，所以沒有這麼做。有能力而願意分享給更多的人，這是好事，但是並不能稱有愛心的人，人人都有愛的。

　　愛是自然流露的，無須刻意做什麼說什麼，它猶如太陽般溫暖的存在，能否感受到它的溫暖與力量，就是要有「感受」的功能，當感受的功能沒有啓動或是感受的敏感度不足，那是接受不到愛的溫柔與力量。

　　致富之道與愛有密切的關連，因爲創造力是從愛的大海裡所變現的巨浪，駭浪滔天造就偉大的創造物，任何的發明都是從創造力而來，而金錢是創造力所彰顯的成績單。

富裕

這是一個不可思議的富裕的世界，人
類史上最豐盛的生命經驗。

再也沒有過往的經驗比得上「現在」的豐盛，超
級無比的創造力，實在太驚人了！同時也是一個最複
雜的世界——天災人禍連連，全球人類共享物資共同
繁榮，但是人性的野心與貪婪，也同時帶來破壞性的
影響。這個時代的進步代表什麼意義？考驗人性的光
明面，不隨著物欲高漲而忘了人性的善良本性，這是
喚醒良知良能的意思，因為世界是無限的豐富，有無
限的可能性，良性競爭創造進步，惡性競爭共創毀
滅。唯有每個人從自身做起，改變自己，才能改變世
界。

喚醒良知良能，破壞的力量終將回到
自己身上。

假設這個世界上的每一個人，每一個人都是創造性思考，那麼所有投射於世界的，不都是創造建設嗎？這個結果不就是和平的象徵嗎？如果多數的人都破壞性思考，破壞力投射於世界的，不就是毀滅的結果？幸好，沒有多數人是這樣，這個世界還是好的時候居多，可是，誰知道明天，未來會怎樣呢？但願是明天會更好。就算是那些少數人的破壞性思考，為這個世界帶來災難破壞，但是生命的原則就是「思考創造結果」，自己破壞性思考的作用力，是由自己投射出去的作用力，那麼反作用力也是回到自己身上，承擔後果的也是自己罷了。而那些共同承受災難破壞的人，受其影響而承擔其結果——在接受的同時也是在承擔自己曾經投射於外的破壞力，而今也只是反作用力回到自己身上罷了。所以，沒有例外的，「個人造業，個人承擔」。創造出什麼因，結出什麼果來，等到「果來」了就是承擔果報的時候，這就是說，一旦承擔後果之後呢？還是要回到原點來思考，能否改變自己的想法，不要繼續創造相同的因呢？

結語

一切有為法
如夢幻泡影
如露亦如電
應作如是觀

感謝再感謝，祝福再祝福。
願大家當責，皆豐富滿足。

國家圖書館出版品預行編目資料

變身為自己的大老闆　量子能量意識大躍進／
張淑珺著. ─初版.─新北市：新心人類未來學教
育訓練有限公司，2021.10
　　　面；　公分.
ISBN 978-986-06107-1-0(平裝)
1.成功法 2.生活指導
177.2　　　　　　　　　　　110012307

變身為自己的大老闆
量子能量意識大躍進

作　　者　張淑珺
發 行 人　張淑珺
出　　版　新心人類未來學教育訓練有限公司
　　　　　231新北市新店區中央五街30號2樓
　　　　　電話：（02）2218-3399
封面及插圖設計　盧智敏、盧諭橋
設計編印　白象文化事業有限公司
　　　　　專案主編：林孟侃　　經紀人：徐錦淳
經銷代理　白象文化事業有限公司
　　　　　412台中市大里區科技路1號8樓之2（台中軟體園區）
　　　　　出版專線：（04）2496-5995　　傳真：（04）2496-9901
　　　　　401台中市東區和平街228巷44號（經銷部）
　　　　　購書專線：（04）2220-8589　　傳真：（04）2220-8505
印　　刷　基盛印刷工場
初版一刷　2021 年 10 月
定　　價　300 元